www.ingramcontent.com/pod-product-compliance
Lightning Source LLC
Chambersburg PA
CBHW031257090426
42742CB00007B/492
* 9 7 8 0 3 5 9 5 6 0 9 2 9 *

بسم الله الرحمن الرحيم

Arab Researcher iD

المحْفَلُ العِلميُ الدّوليُ الرابعُ

كتاب مُلخصاتِ الأوراقِ البحثيةِ

01–05 شعبان 1440 هـ

6–10 أبريل 2019

بتراجايا – ماليزيا

UNIVERSITI SAINS ISLAM MALAYSIA
جامعة العلوم الإسلامية الماليزية
ISLAMIC SCIENCE UNIVERSITY OF MALAYSIA

برعاية
معالي الداتو أ.د.موسى أحمد
نائب رئيس جامعة العلوم الاسلامية
الماليزية

PROF. DATO' DR. MUSA AHMAD
VICE-CHANCELLOR
UNIVERSITI SAINS ISLAM MALAYSIA

كلمة الأمانة العامة لفعاليات المحفل العلمي الدولي

السادة العلماء الأفاضل، والخبراء، والباحثين الأكارم،

السَّلام عليكم ورحمة الله وبركاته

يُسعدنا بالنيابة عن رُؤساء مؤتمرات المحفل ولجانه المتعددة أن نُرحّبَ أجملَ ترحيبٍ وأحرَّه بهذه النخبةِ الراقية من المشاركين في فعاليات المحفل العلمي الدولي في نسخته الرابعة، الذي سيُعقد في ماليزيا ، في الفترة 6-10 ابريل 2019، الموافق 1-5 شعبان 1440هـ.

لا شك بأن من يتَّهم أمتَنا ورجالَها وعلماءها بأنها في سباتٍ طويلٍ في وقتِ تقدُّمِ الأممِ الأخرى على شيءٍ من الحقِّ، ولكن ليس بالسُّبات الدائم كما أثبتته نهضتُكم واندفاعُكم المحمود، فنشاطكم الدؤوب قد أوقد شعلةَ البحثِ العلمي لتنير الطريقَ أمام الأجيال القادمة؛ لتسير على خطاكم في ركوبِ كلِّ المصاعب، وعبورِ العقبات، وصعودِ سلم البحث العلمي للناطقين بالعربية، وهو الطريقُ الذي سارت عليه الأمم العظمى الذي يَعدُّهُ الخبراءُ السِّرَّ في تقدمها و شموخها، وتقزَّمت الأمم الأخرى التي ما زالت ترفض النهوض من سباتها.

حتى نكون مُشاركين و مُنتجين، مُبادرين ومُبدعين، ها هي منصتُكم ، مِنصة " أريد" تبادر وتطلق النسخةَ الرابعة من المحفل العلميّ الدوليّ.

وقد استقطبت مؤتمراتُ المحفل العلميّ الدوليّ بنسخه الثلاث السابقة ، نخبةً من العلماء، والمفكّرين، والخبراء، والباحثين، والمثقّفين، من مختلف الدول العربيّة وعلى اختلاف؛ ليتولّوا على امتدادِ جلسات المؤتمرات، مناقشةَ محاورَ أساسيّة تتعلّق بالاتجاهات الحديثة في كافَّة العلوم و التخصصات : الإنسانية

والاجتماعية، والتطبيقية، والصحية، والهندسية، والتنموية، يتبادلون الخبرات، ويقيمون علاقاتٍ بحثية متبادلة المنفعة.

وستُعنى المؤتمرات بمعالجة هذه المواضيع بموضوعيّة ورصانة، معتمدةً النهجَ العلميّ ، لتخلُص بعد ذلك إلى صَوغِ الرُّؤى، ورسمِ الخيارات، واقتراحِ الحلول الهادفة إلى تحقيقِ مصلحةِ أوطاننا وخيرِ شعوبها.

كما يسعى المحفلُ العلميّ الدوليّ إلى إقامةِ العديد من الدوراتِ وورشِ العمل ، وبذلك يجمع العديدَ من الأنشطةِ العلميةِ في مكانٍ واحدٍ ، مما يتيح للمشارك الاستفادةَ منها في وقتٍ واحد، وبتكلفةٍ أقل .

وستُنشر بعضُ البحوثِ المقدمةُ في كتابِ إجراءات مفهرس ISI و Scopus ، ويُنشر بعضُها الآخر في مجلة أريد الدولية للبحوث العلمية متعددة التخصصات.

وفي الختام لا يسعُنا إلا أن نتقدمَ بوافرِ الشكرِ لجميعِ المتحدثين الرئيسيين، والباحثين المشاركين، ورؤساءِ الجلساتِ على مشاركاتهم القيمة، والشكرُ موصولٌ لأعضاء اللجان: التحضيرية ، والتنظيمية ، والعلمية، و الإعلامية على جهودِهم المتواصلة، وحرصِهم على إنجاح المحفل العلميّ وفعالياته.

كما نُقدمُ عظيمَ الشكرِ لأعضاء منصة " أريد " على دعمِهم، ونُزجي بالغَ تقديرِنا وامتنانِنا للجامعاتِ والمؤسساتِ المنظمةِ على تشجيعِها ودعمِها الكامل، ولا يفوتُنا أن نعربَ عن شكرِنا الجمّ ، وتقديرنا الأتمّ لرعاةِ هذا المحفل العلميّ، على مساندتهم لهذا الملتقى العلميّ.

أوقاتاً ماتعة تقضونها في ماليزيا، بلدِ الجمالِ والطبيعةِ الخلابة. وفقكم اللهُ وسدَّد على طريقِ الخير خطاكم.

أ.د.يوسف عبدالله محمد / عضو الأمانة العامة للمحفل العلميّ الدوليّ ومنصة أُريد

كلمة المشرف العام على فعاليات المحفل العلمي الدولي

السلام عليكم ورحمة الله وبركاته

تحية طيبة، وبعد...

الحمدُ لله كلّ الحمد أن وفّقنا لانطلاقِ النسخةِ الرابعة للمحفلِ العلميّ الدوليّ الرابع ، كان حلمًا يحلم به إدارةُ منصة "أُريد" وأعضاؤها، أن يكون لنا ملتقى دوريٌّ نتناقش ،ونتباحث، ونطوّر من عجلة البحث العلمي للناطقين بالعربية.

فكما تعلمون أن منصة "أُريد" أنطلقت من جامعة ملايا قبل ثلاث سنوات وبالتحديد في يوم 25 أبريل 2016م، ثم انتشرت ليتم التعريف بها في الجامعات العربية التي ينشط بها أعضاء منصة "أريد". فقد عُقِدت ندواتٌ في العشراتِ من الجامعات العربية، منها للتعريف بالمنصة ، وأخرى لانطلاق خدمات مميزة لأعضاء المنصة. وفيما يلي عرض وتوصيف للخدمات التي أطلقت خلال الربع الأول من هذا العام وابرزها:

المجتمعات العلمية، مدونة عالم، المجاميع البحثية المغلقة، التعليم الالكتروني، دليل الاحداث العلمية.

أولا: **المجتمعات العلمية**: وهي من الخدمات الجوهرية ذات العلاقة بالعلوم مختلفة التخصصات؛ حيث يمكن للباحث من خلال المجتمعات العلمية طرح مجموعة من الأسئلة، أو الاستفسارات مما يساعده على الحصول على الإجابات من أعضاء المنصة. على سبيل المثال: تكوين مجتمع الكيمياء، سيمكن الباحث من طرح سؤال، مع إضافة عنوان، أو صورة مع الكلمات المفتاحية، بالتالي سيظهر السؤال لدى أعضاء المجتمع الذي ينتمي إليه اهتمام الباحث، وهذه الخدمة ستعطي بُعدًا واسع الأفق للباحث، إذ تمنحه فرصًا كبيرة بتقديم مقترحاته، وأسئلته المتعددة ذات العلاقة باختصاصه واهتمامه العلمي. وللباحث السائل الحق في اختيار أفضل إجابة لسؤاله مما سينح نقاط سمعة للباحث المساهم في الحل ونقاط السمعة تحتسب في قياس "تأثير الباحث في منصة اريد" Arid Impact Factor

ثانيا: **مُدونة عَالِم**: وهذه الخدمة انطلقت بحفل مهيب في الجامعة المستنصرية يوم 25 فبراير الماضي، ومن خلالها يمكن للباحث أن يكتب ويقدم المقالات والتقارير العلمية؛ أي أن كلَّ باحث له إمكانية إنشاء مدونة واحدة باسمه، والكتابة فيها بإحدى الأقسام الأربعة : إصدارات، أنشطة علمية، مقالات علمية، وقائع وتوجيهات، الإنجازات العلمية.

ثالثا: **المجاميع البحثية**: وهي عبارة عن مجموعة مغلقة، يُنشِها الباحثُ المهتم بتكوين مجموعة بحثية، تضم بضع باحثين من أقرانه من ذوي الاختصاص، للاجتماع معهم ومناقشتهم في عمل ما، أو مشروع بحثي مشترك.

رابعا: **التعليم الإلكتروني**: وهي خدمة تتيح لأعضاء المنصة صنع مساقات علمية؛ ليلتحق بها طالب العلم عن بُعد، ومنحه شهادة بعد نهاية المساق من منصة "أريد". مثل دورة النشر في المجلات العلمية المحكمة، أو دورة مهارات تعامل الباحثين مع وسائل الاعلام. علما أن القاعة الإلكترونية للمنصة تسع ٢٥٠ متدربا.

خامسا: **دليل المؤتمرات**: وهي خدمة تتيح إضافة المؤتمرات التي سيحضرها باحث ما، ويقدم الباحث عبر هذه الخدمة المعلومات الكافية عن فعالية المؤتمر لأعضاء المنصة (زمن الانعقاد، دور الباحث غي المؤتمر، رسوم المؤتمر، مكان انعقاد المؤتمر وزمانه)، كما يمكن للباحث من خلال هذه الخدمة عرض صور مشاركته في المؤتمر أثناء انعقاده أو بعده ، وكذلك أبرز التوصيات والملخصات. وقد أطلقت يوم 19 مارس الماضي في جامعة البصرة.

سادسا: **دليل المجلات العلمية ودور النشر**: وهذه الخدمة تعمل على تذليل الصعوبات التي قد يواجهها الباحثُ أثناء بحثه عن المجلات العلمية المحكمة، وتُشكل دليلا واضحًا لتوجيه الباحث إلى أهم المجلات العلمية في مختلف التخصصات، كما تتيح للباحث إضافة مجلات علمية؛ وذلك لخلق فضاء أوسع أمام الباحث الجديد عند اختياره مجلة معينة لنشر أبحاثه فيها. علما أن حفل الافتتاح سيكون يوم 25 ابريل الجاري.

سابعا: **دليلُ المساقاتِ الهائلةِ المفتوحةِ عبر الإنترنت**: وتضم أرشفة للدروات التي تعقد على عشرات المنصات العربية والأجنبية مع تفاصيل الالتحاق بها وتعد مرجعا سهلا ليطلع الباحث على أبرز الدورات والمحاضرات وورش العمل في مجال تخصصه. وقد انطلقت هذه الخدمة بحفل افتتاح في جامعة بابل يوم الرابع والعشرين من شهر مارس الماضي.

ثامنا: **شبكة (دليل) المراكز البحثية التطبيقية**. دليل لفهرسة أبرز المراكز البحثية في الدول العربية التي ستُمكن الباحثَ من أن يستعين بها لإجراءِ بحوثه بالتعاون معها.

تاسعا: نظام مجلات المنصة: وهو نظام إلكتروني لإدارة المجلة بجميع تفاصيلها من رفع البحث إلى تحميله إلى نشره.

الخدمات التي ستنطلق هذا العام 2019م:

أولا: **معامل تأثير الباحث ARID IF**: هذه الخدمة تتيح احتساب نشاط الباحث كمعادلة من المعادلات، مثل: عدد الزيارات، وعدد مرات التحميل لبحوثه، وعدد المتابعين له، والوحدات الأكاديمية، والإضافة والمعايير بدءا من الباحث إلى الجامعة.

ثانيا: **ADOI**: وهي خدمة إسناد رقم تعريفي للملفات الهادفة على غرار هوية الباحث العربي، فسيتم في هذه الخدمة إسناد رقم تعريفي مع تفاصيل الميتا لكلِّ ملفٍّ علميٍّ هادف.

ثالثا: **مجلة المنصة**، وهي مجلةٌ ثقافيةٌ لنشر أخبار منصة "أريد"، وأعضائها من نشرٍ علميّ واختراعاتٍ ومقالاتٍ ثقافيةٍ، تخاطب طبقاتِ المجتمع، وتنشر حالةً من الوعيِ بالعلوم المتنوعة.

رابعا: الندوات الإلكترونية.

خامسا: **أكاديمية البحث العلمي**: عبارة عن مجتمعٍ من المجتمعات، ويكون بتظافر أعضاء المنصة للحصول على دليلٍ قيمٍ في المفاهيم المستحدثة في مجال البحث العلمي، هو أشبه ما يكون بدليلٍ مرجعيّ في أكاديمية البحث العلمي.

سادسا: **بطاقة الباحث**، وتكون بطاقة بلاستيكية؛ أي أشبه بجواز سفر للباحث.

سابعا: **مركز خدمات الباحثين**: وهو عبارة عن مركزٍ خاصٍّ لتقديمِ خدماتٍ للباحثين مقابل رسوم معينة، مثلا: للتصميم أو الترجمة.

ثامنا: **الرسائل الشخصية**: وتكون بين الباحثين للتواصل داخل المنصة.

تاسعا: **تصدير السِّير الذاتية**.

عاشرا: **تعريب المصطلحات العلمية**.

الحادي عشر: **التواجد الآني للباحثين**: بحيث يُظهر مشاركة الباحثين في المنصة، وتفاعلهم في الدول، ويكون على شكلِ خريطةٍ لكلِّ دولِ العالم.

الثاني عشر: **مكتبة عالم**: أي كل عالم يمكن أن ينشئ مكتبته الخاصة؛ فيرفع فيها ما يملكه من كتب.

الثالث عشر: نظام إدارة المؤتمرات.

الرابع عشر: **توثيق مراحل البحث العلمي**: يُوثِّق بها الباحث المسيرة العلمية للنتاج العلمي، وتحوي رسمًا توضيحيًّا لبحوثه من بداية مسيرته العلمية.

الخامس عشر: **تطبيق منصة "أريد"**.

السادس عشر: **تقريرُ مؤشرات أريد** (الباحث، المجلات، الجامعات، المراكز البحثية): ويصدرها كالتقرير العلمي السنوي لمنصة "أريد".

السابع عشر: استبيان لجميع الباحثين وتحليله.

والله الموفق

د. سيف السويدي

المشرف العام على فعاليات المحفل العلميّ الدوليّ
المؤسس والرئيس التنفيذي لمنصة أُريد
arid.my/0001–0001

كلمة رئيس المؤتمر الدولي الثالث للمخطوطات والوثائق التاريخية

ورئيسُ المؤتمرِ الدَّوليّ الرابعِ للاتجاهاتِ المتقدمةِ في الدراساتِ الإسلامية

الحمد لله، والصلاة والسلام على رسول الله، وعلى آله، وصحبه، ومن والاه.

وأحييكم جميعا أيها الحفل الكريم في مؤتمرنا جميعا المؤتمر الدولي الثالث للمخطوطات والوثائق التاريخية، وأشكركم الشكر الوافر على استجابتكم وإقبالكم، وقد تجشم الكثير منكم العناء والمكابدة لحضور هذا المؤتمر، لاسيما ضيوفنا الذين جاءوا من أمكنة بعيدة، وصلكم الله جميعا بوصله وحفظه وعنايته ووافر فضله.

يشارك معنا اليوم في مؤتمرنا هذا عدد كبير من المؤسسات البحثية والمراكز والجهات المعنية بالمخطوطات في البلاد العربية، وهي مؤسسات مرموقة لها وزنها وآثارها الفاعلة في خدمة التراث وقضايا العلم.

مع نخبة متميزة من الخبراء والعلماء والمختصين بالتراث الإسلامي والعربي المخطوط، والحمد لله الذي بنعمته تتم الصالحات.

إن هذا الحدث الذي تبنته هذه الجامعة الرائدة جامعة العلوم الإسلامية الماليزية (يوسيم) برعاية معالي مديرها الداتؤ بروف محمد موسى، وبدعم ورعاية كريمة من فضيلة عميد كلية دراسات القرآن والسنة الأستاذ الدكتور محمد مستقيم بن محمد نظيف، وبالاشتراك والدعم من المؤسسات العلمية الكريمة الراعية، كجامعة يوسيم ممثلة بكلية دراسات القرآن والسنة، والمنصة العلمية العالمية للخبراء والعلماء "منصة أريد" والممثلة بأمينها العام الأستاذ الدكتور سيف السويدي.

إن هذا الحدث العلمي المبارك يهدف إلى جعل التراث الإسلامي والعربي المتمثل في المخطوطات والوثائق دافعا وحافزا لبناء حاضرنا ومستقبلنا انطلاقا مؤصلا من تراثنا الإنساني الكبير بمراميه وقيمه ومادته، الذي تمتد جذوره لأكثر من أربعة عشر قرنا مضت عطاء وسطيا مميزا في الفكر والعلوم والأخلاق؛ لنستصحبه ونفعله في مواجهة مشكلات الواقع الحاضر.

وإن من أبرز معالم ومنارات هذا التراث المخطوط اتصافه بالعالمية، فقد شارك في تدوينه، وتصنيفه، وتزويقه وحفظه، وبثه في الآفاق الملايين من النبلاء والعلماء والأمراء من شعوب شتى، وبلاد كثيرة شاسعة، وحضارات متنوعة متعددة يجمعهم الإيمان والإسلام، كما خدم هذا التراث خبراء وعلماء من ملل أخرى وديانات شتى كانوا يعيشون في بلاد الإسلام، وينعمون بالأمن والأمان وكرامة الإنسان.

ونحن نهدف من وراء هذه المؤتمرات والدورات إلى تقريب التراث إلى جمهور الأمة، ولا نريده أن يبقى حكرا على المتخصصين من الخبراء والدارسين وحدهم.

وقد امتاز تراثنا الإسلامي التليد بأنه أطول عمرًا، وأكثر عددًا، وأكبر قدرا، وأوسع تنوعًا، وأقوى انتشارًا، وأشد أصالةً من التّراث المخطوط لأية أمّة أخرى، وجاء هذا التميز نتيجة للبُعد الزمانيّ، والمكانيّ، والإيماني، والحضاريّ، ولما انطوى عليه هذا التراث من الخيرية والوسطية.

والمخطوطات هي تراث هذه الأمة وذاكرتها، ورصيدها العلمي والمعرفي، وهويتها الحضارية.

ونريد لهذا المؤتمر أن يغدو تقليدًا ماليزيا عالميا سنويًّا بجهود هذه الجامعة العتيدة والمؤسسات الداعمة والمشاركة، وبدعمكم العلمي المميز وحضوركم الفاعل المؤثر.

والتراث العربي الإسلامي واسع غزير لم يقتصر على العلوم الشرعية والدراسات الأدبية واللغوية، بل اشتمل على رصيد هائل من العلوم والدراسات البحتة؛ مثل علوم الطب والصيدلة والجراحة، والكيمياء والفيزياء، والزراعة والفلاحة، وعلوم الغبار والبحار، والفلك والمواقيت، وصناعة الآلات والمعدات، وغير ذلك كثير، كما عني بالفنون والجماليات؛ كالخط والزخرفة والرسوم، والتذهيب والتجليد.

واليوم لا زلنا نفتقر إلى رصد شامل وكامل لتراثنا الموزع المبثوث في أرجاء المعمورة؛ حيث لا توجد خريطة تفصيلية واضحة المعالم تحدد كمية المخطوطات الإسلامية والعربية، وتحدد باستيعاب دقيق مواضعها وتوزعها في مكتبات العالم.

كما أننا لا زلنا إلى اليوم في مرحلة جمع التراث ورصده، وتحديد مواضع وجوده، وتوثيقها، ومحاولة فهرسته، ولا زالت هذه الخطوة تدرج شيئا فشيئا ببطيء شديد، فمتى يتسنى لنا البدء بمرحلة القراءة الإحيائية الفاحصة والناقدة لهذه النصوص، والتي تعمل على استخراج كنوزها، ودراستها، وتحقيقها.

ونحن بحاجة ماسة إلى هندسة ضبط وتحقيق التراث، فضلا عن تتبعه، وصيانته، وفهرسته، وقراءته، واستثمار كنوزه.

كما نحن بحاجة ماسة إلى الإبداع في البحث العلمي المتصل بالتراث، والتفنن في تسويقه.

ولا بد من الإشادة طويلا بجهود العلماء المتخصصين بعلوم التراث في إرساء قواعد ضبط النصوص وتوثيقها وتحقيقها منذ وقت مبكر.

ولا بد للمحققين اليوم من مراعاة القواعد والضوابط والأسس التي وضعها المحققين المتقنين من أساطين وأعلام هذه الصناعة، والتي قام عليها هذا الفن كالعناية بتحقيق عنوان الكتاب المخطوط، وتحقيق اسم المؤلف، وتحقيق نسبة الكتاب إلى مؤلفه، وتحقيق متن الكتاب، كتتبع النسخ الخطية في مكتبات العالم، والوقوف عليها، ومقابلتها، والتمرس على قراءتها، والتشبع بأسلوب صاحبها، والمعاناة في قراءة الكتاب المخطوط، وتنظيم مادة المتن، وتحريرها، وضبطها، ومتابعة النقول التي وردت في المتن، واعتماد الرسم المتعارف عليه في عصرنا، والعناية بصنعة التعليقات والهوامش، وصنعة الفهارس والكشافات.

أرحِّبُ بكم مجددًا، والسَّلام عليكم ورحمة الله وبركاته.

الأستاذ الدكتور: نجم عبد الرحمن خلف

الأمين العام لمؤتمر المخطوطات والوثائق التاريخية

ورئيس المؤتمرُ الدَّوليُّ الرابع للاتجاهات المتقدمة في الدراسات الإسلامية

كلمة رئيس اللجنة العلمية لفعاليات المحفل العلميَ الدوليَ

ورئيس المؤتمرِ الدَّوليّ الرابعِ للتنميةِ المُستدامة

بسم الله الرحمن الرحيم

(وقل اعملوا فسيرى الله عملكم ورسوله والمؤمنون)

إنه لمن دواعي سُروري في محفلنا العلميّ الدوليّ الرابعِ أن أطلعكم على أبرز نشاطٍ علميّ لمنصة "أريد" خلال هذا العام، ألا وهو إصدار العدد الثاني من مجلة أريد الدولية للعلوم والتكنولوجيا (arid.my/j/aijst)، التي تُعدُّ إحدى المجلات العلمية التي أطلقتها منصة "أريد للباحثين والعلماء الناطقين بالعربية، لتتيح نشرَ النتاجات العلمية للباحثين والأكاديميين في التخصصات الهندسية والعلمية بالمجّان.

يتّبع فريقُ تحرير هذه المجلة الأسسَ الأكاديميةَ والعلميةَ الرصينةَ في تحكيم البحوث التي يقدمها المختصون، حيث تخضع البحوثُ المقدمةُ إلى المجلةِ لفحصِ السرقاتِ الأدبيةِ باستخدام البرنامجين المعروفين Turnitin و iThenticate، وفي حال خلوها من نسب الاستلال العالي، تُرسل إلى ثلاثة محكمين متخصصين لتحكيمها، بغية الحصول على بحوث عالية الجودة.

ويعمل كادرُ المجلة بخطًى ثابتةٍ ومتسارعةٍ لإضافة مجلة أريد إلى فهرس المجلات العلمية العالمية الشهير "سكوبس"، لتتبوأ مجلتُنا موقعًا مرموقًا بين المجلات العالمية التي تصدر من دُورِ نشرٍ عالمية كبيرة.

يرحب فريق تحرير المجلة بالأبحاث الجديدة والأصيلة من كافة أرجاء المعمورة، لا سيما التي تعود بالنفع المباشر على الإنسان والبيئة والمجتمع، سواء كانت في صورة مقالات بحثية كاملة، أو بحوث قصيرة، أو بحوث استعراضية لدراسات سابقة، أو رسالة إلى المحرر.

ونظرا لأهمية البحوث العلمية والتقنية للباحثين والأكاديميين، لا سيما تلك التي تعكس التطور الحضاري والتقدم العلمي، فمن الضروري استيعاب أبحاث الشباب وطلبة الدراسات العليا، خاصة الأبحاث في شتى أفرع مجالي العلوم والهندسة.

وترحبُ مجلتُنا بكافةِ الأبحاث التي ربما تحوي تطويرا لإحدى التجارب في مختبر الدراسات الأولية، أو توسعَ تطبيقًا قانونًا فيزيائيًا أو هندسيًا، أو معادلة رياضية، أو تطرح فكرة جديدة لحلّ مشكلة ما، شرط أن يتم

ربطُ الجانب التعليمي بالجانبين البحثي والعملي، لتسهيل استيعاب المفاهيم العلمية وتوسيع نطاق تطبيقها واستخدامها العملي.

وتركّز مجلة أريد على الأبحاث والاختراعات والمشاريع التطبيقية في المجالات المستقبلية، التي تلبّي خططَ التنمية والمجتمع والبنية التحتية الجديدة في العالم، خاصة في مجالات الإلكترونيات، والاتصالات، وتقنيات الإنترنت، وتقنيات الحاسوب، والتقنيات الطبية والحيوية، وتطبيقات النانو تكنولوجي في مجالات الطاقة والهندسة والطب والمياه والأغذية والزراعة وغيرها.

وأطرح في رسالتي هذه موضوعَ الموصلات الفائقة بدرجات الحرارة العالية (HTSC)، والتي كانت قبل منتصف الثمانينات تعرّف بغياب مقاومة التيار الكهربائي في بعض الفلزات والسبائك الفلزية التي يتم تبريدها تحت 23 كلفن. وتسمى درجة الحرارة التي تنخفض فيها مقاومة المادة إلى الصفر بالحرارة الحرجة (Tc).

في عام 1986م، أعلن عن اكتشاف الباحثين الفيزيائيين الألماني جورج بدنورز والسويسري ألكس مولر لخاصية التوصيل الفائق في المواد السيراميكية، حيث تصبح هذه المواد ذات توصيل فائق عند حرارة أعلى من الفلزات والسبائك. ونال بدنورز ومولر جائزة نوبل في الفيزياء لعام 1987م عن هذا الاكتشاف. ومنذ ذلك الوقت تمكَّن العُلماءُ من اكتشاف مواد سيراميكية أخرى تصبح فائقة التوصيل عند درجة حرارة عالية، يكتفي باستخدام النيتروجين السائل لتبريدها، بينما تبرَّد الفلزات والسبائك إلى درجة حرارة التوصيل الفائق باستخدام الهيليوم السائل، وهو أعلى تكلفة وأصعب في التعامل من النيتروجين السائل.

وقام الباحثان بدنورز ومولر بدراسة الخواص الكهربائية للسيراميك المكون من أكسيد الفلزات والعناصر الأرضية النادرة (Rare earth elements) مثل اللانثانيوم باريوم أوكسيد النحاس (LaBaCuO) تحت درجة حرارة 35 كلفن، وتوصلا في العام 1988م إلى مركب البزموث السترونشيوم الكالسيوم اوكسيد النحاس (BSCCO)، وهي فئة من المواد فائقة التوصيل تحت درجة 107 كلفن، ولكنها لا تحتوي على أحد العناصر الارضية النادرة، فكانت هذه طفرة هائلة.

ويبدو أن جميع الموصلات عالية الحرارة هي من النوع الثاني للموصلات الفائقة (يكون انتقالها من الحالة فائقة التوصيل إلى الحالة العادية تدريجيا، ولها درجة حرارة حرجة أعلى من النوع الأول)، ويحتاج الإنسان إلى موصلات فائقة بدرجة حرارة الغرفة. وإذا ما اكتشف العلماء التوصلية الفائقة بدرجة حرارة الغرفة، فسيكون ذلك بمثابة اختراق كبير في تلبية احتياجات الطاقة في العالم. وستصبح الطاقة الكهربائية متوفرة

ومتاحة بتكلفة منخفضة للغاية وستصبح أجهزة الكمبيوتر أسرع مرات عديدة مما هي عليها الآن، ويطلق العنان لأبعاد جديدة في مجال البحوث العلمية والتكنولوجية.

وتجدر الإشارة إلى الجامعات العراقية التي أسهمت في هذا التخصص، وقدمت العشرات من رسائل الدكتوراه والماجستير، وقام باحثوها منذ بداية عقد التسعينات في القرن الماضي بتصنيع العديد من المركبات السيراميكية فائقة التوصيل بدرجات الحرارة العالية، ونشرت نتائج أبحاثهم في مجلات ومؤتمرات علمية دولية محكمة.

تمتلك المواد فائقة التوصيل تطبيقات مهمة وأهمها المغانيط فائقة التوصيل كأقوى المغانيط الكهربائية المعروفة في أجهزة التصوير بالرنين المغناطيسي الطبية، ومغانيط توجيه حزم الجسيمات المشحونة لمعجلات الجسيمات كالتي تعمل عليها المنظمة الأوروبية للأبحاث النووية في سيرن – سويسرا (CERN).

ويُعد القطارُ المغناطيسيُّ المعلق الذي يسير مُرتفعًا عن الأرض من أهم تطبيقات المواد فائقة التوصيل، ويعتمد القطارُ على ظاهرة الطرد المغناطيسي بحيث تطفو عجلاته المصنوعة من المواد فائقة التوصيل على مغناطيس فائق الشدة وبالتالي ينعدم الاحتكاك بين عجلات القطارات والقضبان مما يساعد في زيادة سرعة القطارات.

وتعد تقنيات الموصلات فائقة التوصيل حتى وقتنا الراهن من التقنيات باهظة التكلفة، ويحدونا الأمل في خلق قاعدة علمية لدى مؤسساتنا الأكاديمية واستحداث فروع في المراكز البحثية لمواجهة التحديات العلمية لهذه المواد المتقدمة، وإعداد باحثين فاعلين في العالم للقيام بتجارب عملية متطورة، ونشر أبحاث متعمقة بشأن تقنيات جديدة لتصنيع مواد فائقة التوصيل تعمل بدرجة حرارة الغرفة.

أ.د سلوان كمال جميل العاني

Arid.my/ 0001-1999

كلمة رئيس المؤتمرُ الدَّوليُّ الرابع للاتجاهات الحديثة في العُلوم الانسانية والاجتماعية واللغوية والأدبية

بسم الله الرحمن الرحيم

الحمدُ للهِ ربِّ العالمين، والصَّلاةُ والسَّلامُ على سيِّدنا محمدٍ الصادقِ الوعدِ الأمين، اللهم لا عِلمَ لنا إلا ما علَّمتنا، إنك أنت العليمُ الحكيم، اللهم علِّمنا ما ينفعُنا، وانفَعنا بما علَّمتَنا.

إنه ليطيبُ لي في هذا المقامِ ، ويشرفني نيابةً عن المشاركين في المؤتمرِ الدَّوليِّ الرابعِ للاتجاهاتِ الحديثةِ في العُلومِ الانسانيةِ والاجتماعيةِ واللغويةِ والأدبيةِ ضمن مؤتمراتِ المحفلِ العلميِّ الدَّوليِّ الرابعِ أن أحيّيكم بتحيةٍ طيبةٍ مُباركةٍ من عندِ الله، السَّلامُ عليكم ورحمةُ الله وبركاته، وأسعدَ اللهُ مساءكم بكلِّ خيرٍ.

سَلامٌ من رُبى العِلمِ   على أرواحِـكمْ يهمي

بأزكى الوُدِّ في وَصلٍ   نَديِّ الجِـدِّ والعَـزم

لأرقى مُلتقًى للفـنِّ   والإبـداعِ والنَّـظـمِ

لأفـذاذٍ سيجمعُهم   شريفُ القولِ والفهمِ

في البداية أودُّ أن أعبر عن عميقِ شكري وتقديري للقائمين على المحفلِ العلميِّ الدوليِّ لإتاحتها الفرصةَ لي لكي ألتقي بالمشاركين من كافةِ أنحاءِ العالمِ العربيِّ في مؤتمراتِ المحفل العلمي في نسخته الرابعة، ولعلَّ هذا الحدثَ العلمي، وهذه التظاهرةَ العلمية لدليلٌ على نجاحِ الملتقياتِ الثلاثةِ السابقة، التي أثمرت عن نتائجَ إيجابيةٍ للباحثين المشاركين فيها .

لقد استقطب المحفلُ العلميُّ الدوليُّ كعادته في الأعوامِ السابقة، نُخبةً من العلماءِ والمفكِّرين والمثقَّفين والخبراءِ الناطقين بالعربية، من مختلفِ المنابرِ في مختلفِ التَّخَصُّصات ؛ ليتولَّوا على امتدادِ جلساتِ مؤتمراتِهِ، مناقشةَ محاورِهِ الأساسيّة ، وسيكون خِتامُه الخروجَ بنتائجَ وتوصياتٍ هادفة .

نلتقي بكم هذه المرَّة، ونحن نستافُ عَبقَ إنجازاتٍ قيمةٍ في رحابِ جامعاتٍ مَرمُوقة، فبالأمسِ القريبِ احتفلنا بانطلاقِ خدمةِ (مُدَوَّنة عَالِم) في الجامعة المستنصرية، وحفلِ انطلاقِ خدمةِ دليلِ المساقاتِ الهائلةِ المفتوحةِ عبر الإنترنت في جامعة بابل، ودليلِ مؤتمراتِ المحافلِ الدوليةِ في جامعة البصرة ،كما أننا

نُباركُ لجميعِ الباحثين صدورَ العدد الثاني من "مجلة أريد الدَّولية للعلوم والتكنولوجيا"، ونهنئكم على حصولِ "مجلةِ أديد الدولية للعلومِ الإنسانيةِ والاجتماعيةِ "على رقم التعريفِ الدَّوليّ ISSN.

وأحسبُ أن المشاركة في مؤتمرات المحفل القادمِ يجب أن تنطلقَ إلى آفاق أوسع من ذلك؛ لتشمل جميعَ المؤسساتِ العلميةِ في الوطنِ العربي .

اسمحوا لي أيُّها الأساتذة الأفاضل، والأستاذات الفضليات أن أتقدَّمَ بشكرٍ أجدُه واجبًا وحقًّا عليَّ، لكلِّ مَن أسهمَ من قريبٍ، أو بعيدٍ في سبيلِ إنجاحِ هذا المحفلِ ومؤتمراتِه العلميةِ، وأخصُّ بالذكر جامعةَ العلومِ الإسلاميةِ الماليزية، و الأساتذةَ الأجلاءَ بالأمانةِ العامةِ لمَنَصَّةِ "أريد "، وسعادةَ المؤسِّس والمدير التنفيذي الدكتور/ سيف السويدي ، والأساتذةَ الكِرام باللجنةِ الاستشاريةِ العليا والفرعية، والمؤسساتِ والهيئاتِ الراعيةَ لهذا المحفلِ العِلميّ في موسمهِ الرابعِ .

شكرًا ومرحبًا بكم تحتَ سماءِ الضَّاد.

الدكتورة/ أميرة زبير رفاعي سمبس

أستاذ علم اللغة المشارك بكلية اللغة العربية – جامعة أم القرى

نائب رئيس اللجنة الاستشارية العليا بمنصة " أريد "

Arid.my/0001-3484

كلمة رئيس المؤتمرُ الدَّوليُّ الرابع للاتجاهات الحديثة في العلوم التطبيقية

الحمد لله والصلاة والسلام على رسول الله

أما بعد،

أُرحّب بالإخوة والأخوات من العلماء والخبراء والباحثين في فعاليات المحفل العلميّ الدوليّ الرابع.

يسرنا مشاركتكم الفاعلة في مُؤتمرِ الاتجاهاتِ الحديثةِ في العلومِ التطبيقيةِ والذي يُعدُّ واحدًا من مُؤتمراتِ المحفل ، حيث يتناول محاورَ عِدة ؛ لتطبيقِ المعرفةِ في أحدِ حقولِ العلومِ الطبيعيةِ لحلّ مشاكلَ عملية ، وهو يُوفِّرُ فرصةً فريدةً للباحثين ، والممارسين ، وصُنَّاعِ القرارات ؛ لاستكشافِ مُستقبلِ الابتكاراتِ والتحدياتِ المهمة . ويُعدُّ المؤتمرُ منصةً للمناقشةِ ، وتبادلِ المعارف ، تركزُ على اتجاهاتِ السوقِ ، والتطوراتِ ، والمشاريعِ ، والتكنولوجيا ، والابتكارِ في هذا القطاع . وسيجد المشاركونَ فيه فرصةً لتبادلِ خبراتهم في العروضِ الشفهية ، أو الملصقاتِ في مجالاتٍ منوعة ، وتحديدِ مجالاتِ التعاونِ الممكنة.

ويضمُّ المؤتمرُ محاضراتٍ عامةً من قبل المتحدثين المشهورين دوليا. وملصقاتِ العروض ، ودورةً كاملةً مخصصةً لعروضٍ يقدمها طلابُ الدراساتِ العليا ، والباحثين الشباب.

وأما عن أهداف المؤتمر منذ نسخته الأولى فكانت الحصولَ على سلسلةِ بحوثٍ لتطبيقِ المعرفةِ العلميةِ ونقلها إلى البيئةِ المادية وكذلك تقديمَ دراساتٍ وبحوثٍ متطورة ترقى بالمستوى الفكري ، وإتاحةَ التبادل بين العلماء العاملين في مختلف جوانب العلوم ، وتعزيز التعاون بين الباحثين ، وتعزيز الشراكات بين الجامعات ومراكز البحوث، كما يسعى المؤتمر إلى توفير جوائز تحفيزية للبحوث المبتكرة القابلة للتطبيق على أرض الواقع والتي تحل مشاكل مستفحلة.

أتمنى لكم قضاءَ أوقاتٍ ماتعة في مملكة ماليزيا، والاستفادة من تواجد العلماء من متخصصات متنوعة والسلام عليكم ورحمة الله وبركاته.

أ. د. سندس حميد أحمد / رئيس المؤتمر

الجامعة المستنصرية – العراق

Arid.my/ 0003-3855

كلمة الرئيس التنفيذي لفعاليات المحفل العلمي الدولي

السَّلامُ عَلَيْكُم وَرَحْمَةُ اللهِ وَبَرَكَاتُهُ

بِسْمِ اللهِ الرَّحْمَنِ الرَّحِيمِ

والصَّلاَةُ وَالسَّلَامُ عَلَى أَشْرَفِ الخَلْقِ أَجْمَعِينَ، سَيِّدِنَا مُحَمَّدٍ عَلَيهِ أَفْضَلُ الصَّلَاةِ وَالتَّسْلِيمِ.

أمَّا بَعد،

بالأصالةِ عن نفسي وبالنيابةِ عن إدارةِ مِنصةِ أريد واللجانِ التحضيريةِ للمحفلِ العلميّ الدوليّ الرابعِ، أرحبُ بكم جميعاً في هذا المحفلِ المباركِ متمنيا لكم جميعا قضاءَ أوقاتٍ ماتعةٍ مليئةٍ بالعلمِ والمعرفة.

اسمحوا لي في هذهِ الفرصةِ أن أُعربَ عن شُكري وامتناني لكلّ الجامعاتِ والمؤسساتِ التي أسهمتْ في دعمِ ورعايةِ هذا المحفلِ، ومن هذهِ المؤسساتِ جامعةِ العلومِ الاسلاميةِ الماليزية، والجامعةُ المستنصريةُ، وجامعة البصرة، وجامعة بابل، وأكاديميةُ فلسبي، وأبصر للتعليمِ الإلكتروني، والعديد من الجامعات والمؤسسات العلمية.

سيداتي، سادتي، إنَّ مجتمعَ الناطقينَ باللغةِ العربيةِ أصبحَ اليومَ أكثرَ حاجةٍ إلى أبنائهِ المتعلمينَ حملةِ الشهاداتِ العليَا لينهضوا به لكي يزدهرَ وينتقلَ إلى مستوياتٍ أفضلَ من الحداثةِ والتطورِ لينافسَ دولَ العالمِ المتقدمةَ في جميعِ مجالاتِ العلمِ والمعرفة. كما لا يَخفَى علينا جميعا أنَّ المجتمعاتِ تتطورُ بقوةِ أبحاثهَا العلميةِ. فكلَّمَا زادتْ جودةُ هذهِ الأبحاثِ زادتْ جودةُ المستوياتِ المعيشيةِ لأفرادِ هذهِ المجتمعات.

لِذلكَ، جاءتْ فِكرةُ إنشاءِ المحفلِ العلميّ الدوليّ لِيُساعدَ في جمعِ نخبِ المفكرينَ والباحثينَ والعلماءِ الناطقينَ بالعربيةِ، ويُهَيّئ لهمُ الأجواءَ الملائمةَ لنشرِ أبحاثٍ علميةٍ ذاتِ جودةٍ عاليةٍ معتمدينَ مبدأَ المشاركةِ لبناءِ صرحٍ علميّ عالميّ مرموقٍ يساهمُ حقاً في تطويرِ المجتمعِ وتغذيةِ العقولِ بكلّ ما هوَ مفيدٌ لضمانِ حياةٍ عنوانهَا الرُّقِيُّ والرَّفاه.

وهاَ نحنُ نتشرفُ بمُشاركاتِكُمُ الرائعةِ لنخطوَ أولَ خطوةٍ في اتجاهِ إنجاحِ هذا المحفلِ العلميِّ المباركِ الذي يُعدُّ أهمَّ ثمرةٍ من ثمارِ مِنصةِ أريد والذي سيكونُ بمثابةِ فرصةٍ متكررةٍ للتواصلِ العلميِّ بينَ أعضاءِ هذهِ المِنصة.

وأخيراً، أدعو الجميعَ من أفرادٍ ومؤسساتٍ أن يضعُوا أيديَهُم في أيْدِينَا لتحقيقِ أهدافِ هذا المحفلِ وتحقيقِ أهدافِ مِنصَّتكم مِنصَّةِ "أريد".

د. محمد الهادي الرشاح arid.my/0001-0002

عضو اللجنة الاستشارية العليا لمنصة أريد.

والرئيس التنفيذي للمحفل العلميّ الدوليّ الرابع.

أستاذ مساعد في قسم تقنيات الاتصالات والشبكات بكلية علوم الحاسوب جامعة بوترا الماليزية.

لِجانُ المَحْفَلِ العِلميِّ الدّوليِّ

الامين العام : أ.د.يوسف عبدالله محمد

المشرف العام : د.سيف السويدي

الرئيس التنفيذي : د.محمد الرشاح

رؤساء المؤتمرات

أ.د نجم عبدالرحمن خلف - رئيسُ المؤتمرِ الدَّوليّ الرابعِ للاتجاهات المتقدمة في الدراسات الإسلامية - رئيس المؤتمر الدولي الثالث للمخطوطات والوثائق التاريخية

أ.د.أميرة زبير رفاعي سمبس- رئيسُ المؤتمرِ الدَّوليّ الرابعِ للاتجاهاتِ الحديثةِ في العُلومِ الإنسانيةِ والاجتماعيةِ واللغويةِ والأدبية.

أ.د.سلوان جمال عبود - رئيسُ المؤتمرِ الدَّوليّ الرابعِ للتنمية المستدامة.

أ.د.سندس حميد أحمد - رئيسُ المؤتمرِ الدَّوليّ الرابعِ للاتجاهات الحديثة في العلوم التطبيقية.

اللجنة الفخرية

أد. محمد حمدي عبدالشكور - رئيس الجامعة الوطنية الماليزية

أ.د.آيصون قارا بولوت - عميد كلية العلوم الصحية جامعة انقرة يلدريم بايزيد

أ.د. عدنان بن محمد يوسف - العميد السابق لكلية دراسات القرآن والسنة بجامعة العلوم الإسلامية الماليزية

أ.د.صادق محمد الهماش - رئيس الجامعة المستنصرية

أ.د. أحمد طوران أرسلان - عميد كلية العلوم الإسلامية بجامعة محمد الفاتح الوقفية

أ.د.نجم عبدالرحمن خلف - جامعة العلوم الاسلامية الماليزية

أ.د. عبد الجليل صرصور - رئيس جامعة غزة

أ.د. إياد غني إسماعيل - رئيس كلية الكتاب الجامعة

أ.د. ثامر الحمداني - رئيس جامعة البصرة

أ.د. كمال العبد الشرافي - رئيس جامعة الأقصى

أ.د. هشام قريسة - رئيس جامعة الزيتونة

أ.د. علي صالح حسين - رئيس الجامعة العراقية

أ.د. محمود حسين الوادي -رئيس جامعة الزرقاء بالأردن سابقا

أ.د.مريم المعاضيد - جامعة قطر

أ.د. كلثم علي غانم الغانم – جامعة قطر

أ.د. نبيل كاظم عبد الصاحب – رئيس جامعة النهرين

أ.د. ناصر إسماعيل فرحات – رئيس الجامعة الاسلامية – غزة

أ.د. محمد صلاح أبو حميدة – جامعة الازهر عميد البحث العلمي

أ.د. ماهر عبد الرزاق النتشة – القائم بأعمال رئيس جامعة النجاح الوطنية

د. كومار جوش – رئيس كليات سترادفورد ماليزيا

د.موسى بن عبدالله الكندي – مدير الجامعة العربية المفتوحة

د.عيسى البلوشي – رئيس مجلس إدارة كلية الخليج – سلطنة عمان

اللجنة الاستشارية العليا والتحضيرية

أ.د. سلوان كمال العاني

أ.د. أميرة زبير رفاعي سمبس

د.عدي الراوي

د.سيف السويدي

د. محمد الهادي الرشاح

أ.معد أحمد الحاكم

أعضاء اللجنة العلمية

أ.د. سلوان كمال العاني – قطر

أ.د. أميرة زبير رفاعي سمبس — السعودية

أ.د. عبد الله الأمين حامد الأمين – السودان

أ.د. عبد الرازق مختار محمود – مصر

أ.د. سعد مخيلف – ماليزيا

أ.د.نجم عبدالرحمن خلف – ماليزيا

أ.د. رزاق حميد يوسف – العراق

أ.د. مهند فالح مصطفى الكبيسي-عمان

أ.د. علي أسعد وطفة – الكويت

أ.د.أسامة إسماعيل عبدالباري – الامارات

أ.د. صالح العلي – الكويت

21

أ.د. عبد المنعم خليل ابراهيم الهيتي – العراق

أ.د. محمد مستقيم بن محمد ظريف

أ.د. عدنان بن محمد يوسف

أ.د. عبد الله بن محمد المنيف

أ.د. عامر حسن صبري

أ.د. محمد بن تركي بن سليمان التركي

أ.د. الحسين بن محمد شواط

أ.د. محمد عبدالرحمن طوالبة

أ.د. محمود حسين الوادي

أ.د.فهمي احمد عبد الرحمن القزاز

أ.د. عمر حميد مراد الطائي

أ.د. فيصل عبد السلام الحفيان

د.إندونيسيا خالد محمد حسون

أ.د. سليمان رحال –الجزائر

د. أحمد زيني الياسري – المانيا

د. بخوش وليد –الجزائر

د. ساجدة حلمي سمارة – ماليزيا

د.منى أحمد الشاوي – قطر

د.سليماني صبرينة – الجزائر

د.خليفة الكحالي – سلطنة عمان

د. عبدالرحمن البلوشي – سلطنة عمان

اللجنة التنفيذية

د.محمد الزريقي – رئيس اللجنة

د.سعيد الشمري

أ.عمر الفاروق إدريس

أ.محمد عبدالله الاهدل

أ. فاضل العبيدي

أ.معد أحمد الحاكم

22

أ.أبو بكر عبدالمنعم

أ.محمد العاني

أ.ابتسام حلالي

أ.لمياء البرنوص

اللجنة الاعلامية

د.سميرة بيطام

د.سلوى الجيار

أ.طهراوي ياسين

أ.مهى شرف

أ.طارق برغاني

اللجنة التنسيقية العليا

د. فراس محمد إبراهيم الزوبعي – البحرين

د.تغريد حر مجيد – العراق

د.ماجد تربان – فلسطين

د.علاء جبار غزاي – العراق

أ.أسماء غراب – فلسطين

أ.د.طه الدوري – العراق

أ.م.د. سحر خليفة سالم الجبوري – العراق

د.جمال عبد ناموس – العراق

د.صاحب أسعد ويس الشمري – العراق

د.أحمد عيسى – فلسطين

د.فاطمة بن قايد – الجزائر

23

رُعاةُ المَحْفَلِ العِلميِّ الدّوليّ

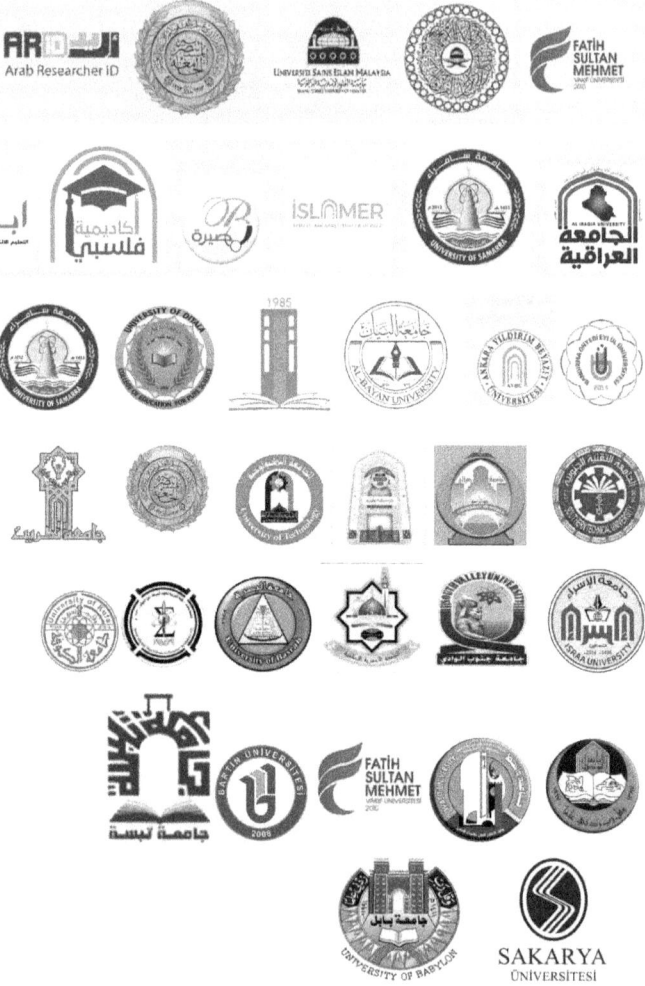

المؤتمرُ الدَّوليُّ الثالثُ للمخطوطاتِ والوثائقِ التاريخية

7-6 أبريل 2019

ماليزيا

جهود كلية الدعوة وأصول الدين بجامعة أم القرى في تحقيق المخطوطات

أ د غالب بن محمد بن أبو القاسم الحامضي

جامعة أم القرى

g1h2a@icloud.com

الملخص

الحمد لله وحده والصلاة والسلام على من لا نبي بعده وبعد،

فلا شك أن حفظ تراث الأمة من أهم الواجبات الدينية التي تقوم بها الجامعات والكليات والمعاهد والمؤسسات العلمية في العالم الإسلامي ؛ لما للتراث من ربط حاضر الأمة بماضيها ، ولما له من قيمة علمية كبيرة في شرح معاني القرآن الكريم وبيانه ، والحديث النبوي الشريف من حيث التفسير والإعجاز واللغة والمعاني والغريب ، ولما للتحقيق من تواصل مع أجيال الأمة على اختلاف عصورها، وكل ما يتصل بالكتاب والسنة من معارف وعلوم.

وقد أولى العلماء المعاصرون والباحثون على اختلاف مستوياتهم العلمية تحقيق التراث بالغ عنايتهم ، وجُلّ رعايتهم وقصارى جهدهم في اخراجه على الصورة التي أرادها مؤلفوها ، وحتى لا يقبل على هذا التراث مَن لا يستطيع أن يتعامل معه ألفوا بحوثا، وعقدوا ندوات ومؤتمرات لتبين قيمة التراث، وتبين أسس التعامل معه ، بل عقدوا لأجل ذلك دورات تدريبية تهدف إلى تمكين الباحثين من العناية يه وتعرفهم طريقة تحقيقه ، وأسس ذلك التحقيق وقواعده وأساليبه .

وإن كلية الدعوة وأصول الدين منذ تأسيسها قامت بفتح باب تحقيق المخطوطات العلمية أمام الباحثين من طلاب الدراسات العليا في مرحلتي الماجستير والدكتوراة في تخصص التفسير والحديث والقراءات والعقيدة .

وهذا البحث سيسلط الضوء على تلك الجهود التي قامت بها الكلية .

ويتكون البحث من مقدمة وتمهيد وقسمين :

المقدمة وفيها أهمية الموضوع ، والتمهيد وفيه نبذة مختصرة عن نشأة الكلية أقسامها ، والقسم الأول : التحقيق وما يتعلق به .

القسم الثاني : جهود كلية الدعوة وأصول الدين في تحقيق المخطوطات . ويشتمل هذا القسم على ما يلي :

1- تحقيق المخطوطات المتعلقة بتفسير القرآن الكريم وعلومه .

2- تحقيق المخطوطات المتعلقة بالسنة النبوية وعلومها .

3- تحقيق المخطوطات المتعلقة بالعقيدة والأديان والفرق .

4- تحقيق المخطوطات المتعلقة بالقراءات .

ثم الخاتمة وفيها أهم النتائج .

كلمات مفتاحية : تحقيق المخطوطات — كلية الدعوة وأصول الدين — جامعة أم القرى — تفسير القرآن — السنة النبوية — العقيدة — القراءات

مخطوطات مكتبة الحرم النبوي

د. العنود فهد العتيبي

جامعة تبوك

alanoud-f-otiebe@hotmail.com

الملخص

الحمدُ لله ربِّ العالمين والصلاة والسلام على سيدنا محمد وعلى آله وصحبه أجمعين وبعد:

تعدُّ مكتبة الحرم النبوي من أقدم المكتبات في المدينة المنورة الواقعة في الجهة الغربية من المملكة العربية السعودية ، وللمكتبة أهمية كبيره نظرا لموقعها في المسجد النبوي، ولهذا تضم العديد من آلاف الكتب النادرة والمخطوطات التي يمكن لزُوَّار المسجد من الاطلاع عليه والاستفادة من خدماتها.

يتناول هذا البحث المخطوطات في مكتبة مسجد رسول الله –صلى الله عليه وسلم–، حيث سيتم تقسيم البحث إلى مبحثين:

المبحث الاول: تاريخ إنشاء المكتبة.

المبحث الثاني: يتضمن ثلاثة أقسام:

القسم الأول: المخطوطات في المكتبة وأشهر الأوقاف التي ضمت للمكتبة

القسم الثاني: أقسام المكتبة.

القسم الثالث: الخدمات التي تقدمها المكتبة لروَّادها.

وقد اعتمدت في بحثي على الكتب والمراجع التي تناولت المكتبة بالإضافة إلى الاتصال مع مسؤولي المكتبة وزيارتهم، والاطلاع على المنشورات الخاصة بالمكتبة.

كلمات مفتاحية : مخطوطات – مكتبة الحرم النبوي – الأوقاف

استخدام تقنيات الواقع الافتراضي في حفظ التراث المعماري: دراسة تطبيقية للعمارة المحلية بهوية حجازية بمنطقة مكة المكرمة

د. ريم فاروق الصبان

أستاذ مشارك بكلية التصاميم والفنون بجامعة جدة

rfalsaban@uj.edu.sa

الملخص

تعتبر عملية التوثيق المعماري من أولى العمليات التي تجري للحفاظ على المباني التاريخية والاثرية ، ومع ظهور الثورة الرقمية ومع ما تقدمه من تقنيات وامكانيات تكنولوجية حديثة تصبح الفرصة اكبر لتقديم المساعدة في عملية التوثيق .

ونظرا لما كانت تشكله هذه المباني من قيمة تاريخية وموروث شعبي أصيل، وجب أرشفتها بالطرق المناسبة لتصبح في متناول أيدى الباحثين والدارسين بالطرق التكنولوجية الحديثة.

يستعرض هذا البحث بعض الطرق التي تحقق هذا الهدف مع تجارب تطبيقية باستخدام تقنيات الواقع الافتراضي على مبنى تاريخي (قصر أثري) بمنطقة مكة المكرمة ذي طابع حجازي، ولكي نصل إلى هذا الهدف انقسم البحث إلى محورين رئيسين : المحور الأول ركز على طرق أرشفة المباني التاريخية. أما المحور الثاني فركز على الدراسة التطبيقية لمبنى تاريخي طبقت فيه تقنية الواقع الافتراضي في الأرشفة.

إن هذه الدراسة تهتم بشكل خاص بالتفاصيل المعمارية الداخلية الدقيقة التي تفيد الباحثين في مجال التصميم الداخلي التي لم يتم الاهتمام بها بالشكل الكافي، ربما لصعوبة تصور الحياة في تلك الفترات الداخلية، ولندرة المراجع الموثقة لها .إلا أنه بالاستعانة بالصور الفتوغرافية القديمة وبعض الأعمال الفنية التشكيلية وزيارات ميدانية لمباني مازالت قائمة، وزيارات لمنازل تحوي مقتنيات شخصية، أمكن إعادة تصوير تلك الفترة بشكل ي،صف التفاصيل التصميمية الدقيقة التي تؤرشف الحياة عند قاتني هذه المباني الجميلة.

الكلمات المفتاحية: التراث المعماري–الواقع الافتراضي –العمارة المحلية –الهوية الحجازية–منطقة مكة المكرمة

أهمية المخطوطات والألبومات المصورة في المدرسة المغولية الهندية في تسليط الضوء على رسوم رموز السلطة الإمبراطورية.

د/صالح فتحي صالح

جامعة المنيا– كلية الآداب– قسم الآثار

Drsalehfathe1983@gmail.com

الملخص

هذا البحث هو محاولة لتقديم تحليل عام لشكل رموز السلطة الإمبراطورية التي تُعدُّ من العناصر التي امتازت بها تصاوير المخطوطات والألبومات الإسلامية المصورة، وذلك على اختلاف المدارس التصويرية المختلفة، وأصبحت هذه الرموز ومن يحملها من السمات المميزة للأسلوب الفني التصويري في المدرسة المغولية الهندية. وتهدف الدراسة إلى عمل تأصيل لرموز السلطة الإمبراطورية. يبدأ بالمقصود بها على اختلاف الأمكنة والأزمنة، والعصور التي استُخدم فيها هذه الرموز سواء العصور القديمة، أم العصر الإسلامي، والأشخاص الذين كان من حقهم استخدامها من الخلفاء وأبنائهم، والسلاطين، وزوجات السلاطين وأبنائهم، والوزراء، ورسل السلاطين، سيتم أيضا التعرض بالدراسة الوصفية والتحليلية للتصاوير التي وُجدت بها رسوم رموز السلطة الإمبراطورية، في مخطوطات والبومات المدرسة المغولية الهندية للوقوف على أهم أشكالها المختلفة في كل المدرسة المغولية الهندية، وألوانها، والزخارف المصاحبة لها، والموضوعات التصويرية التي استخدمت فيها.

الكلمات المفتاحية:عرش– تاج – چتر – سيف – قوس – مغولي هندي– مخطوطات– ألبومات.

The importance of manuscripts and albums paintings in the Indian Mogul School in highlighting the symbols of imperial power

Dr. Saleh Fathe Saleh

Egypt – Minia University – Faculty of Arts – Department of Archeology

Drsalehfathe1983@gmail.com

Abstract:

This research is an attempt to provide a general analysis of the forms of the symbols of the imperial authority, which is one of the elements characterized by the visualizations of manuscripts and Islamic picture albums, in different graphic schools, and became these symbols and the characteristic features of the technique of photography in the Indian Mogul School. The study aims to work to root out the symbols of imperial power. It begins with the meaning of the different places and times, and the periods in which these symbols were used both ancient and Islamic times, and persons who were entitled to use them from the caliphs and their children, sultans, wives of the sultans and their children, ministers and messengers of sultans, will also be subjected to descriptive and analytical study of the images that The drawings of the symbols of imperial power were found in the manuscripts and albums of the Indian Mughal school to find out the most important forms in all the Indian Mogul school, its colors, its accompanying decorations, and the graphic subjects in which it was used.

key words

Throne – crown – guitar – sword – arc – Mongolian Hindi – manuscripts – albums.

دراسة وتحقيق العمائر الإسلامية ومسميات الشوارع والدروب والوظائف والألقاب الواردة بالوثائق

بمصر العثمانية المحفوظة بالمحكمة الشرعية بدار الوثائق القومية بالقاهرة

د. محمد إبراهيم عبد العزيز عكاشة

كلية الآثار – جامعة جنوب الوادي

mariam20007@yahoo.de

الملخص

قمت باختيار موضوع تحقيق ودراسة للعمائر والأماكن والشوارع والألقاب والوظائف الواردة بوثائق مصر العثمانية

ضمن المحور السادس، وهو علم الوثائق التاريخية، و الآثار الإسلامية بأنواعها، وأهمية صيانتها وفهرستها ودراستها

وتحقيقها، حيث يقع ذلك ضمن مجالي في دراستي للماجستير والدكتوراه، والموضوع جديد، وله أهمية كبيرة بين

الموضوعات الأثرية عامة، وموضوعات دراسة المخطوطات خاصة، وقد سبق لي الاشتراك ببحث مقبول في

كوالامبور بماليزيا، وحصل البحث علي الجائزة الذهبية، ونشر ضمن فاعليات المخطوط العربي أيضا، وكان بعنوان

عقود الزواج والطلاق بوثائق العصر العثماني وأهميتها في حياتنا المعاصرة، وقد قسمت بحثي هذا الذي نحن بصدده

إلى ثلاثة فصول، الفصل الأول: تحدثت فيه عن تحقيق العمائر الإسلامية الواردة بوثائق البحث التي تنشر لأول

مرة هنا، والثاني: عن تحقيق تسميات الشوارع والدروب والأزقة، والثالث: عن تحقيق الألقاب والوظائف، واتبعت

المنهج الوصفي والتحليلي أثناء الدراسة.

أهداف البحث :

يهدف البحث إلى :

1– تحقيق ودارسة الوثائق التي تنشر لأول مرة، وتهدف إلى إلقاء الضوء على وصف للعمائر الإسلامية المدنية

2– تحقيق الوثائق وما بها من تحديد تسميات الشوارع والدروب والعطف والأزقة

3– تحقيق تسميات أصحاب التعاملات ومدي مكانتهم الاجتماعية في تلك الفترة

4– تحقيق وظائف الالقاب الواردة في تلك الفترة

يتضمن البحث عنوانا يشتمل على دراسة وتحقيق للعمائر والأماكن والشوارع والدروب والوظائف التي جاءت ضمن وثائق وحجج محفوظة بسجلات المحاكم الشرعية وتعود للفترة العثمانية بمدينة القاهرة

وقد اشتمل البحث على مقدمة اشتملت على أسباب اختيار البحث، وأهميته، والدراسات السابقة، وخطة البحث التي تضمنت عدة فصول، اشتمل الفصل الأول على دراسة وتحقيق للعمائر الواردة بالوثائق، والفصل الثاني على دراسة وتحقيق للدروب والشوارع، والتقسيمات الإدارية الواردة بالوثائق العثمانية، والفصل الثالث اشتمل على دراسة وتحقيق للأسماء والوظائف والألقاب الواردة بوثائق وحجج العصر العثماني لمصر. تضمن البحث مجموعة من النتائج، وملحق بالوثائق المصورة التي تنشر لأول مره.

Abstract

I have chosen the subject of investigation and study of the constructions, places, streets, titles and functions contained in the documents of Ottoman Egypt within the axis of the Saldas and the science of historical documents and Islamic monuments and the importance of maintenance, indexing, study and realization, where this falls within my field and in my studies For the Masters and doctorate and the topic is new and it is important many topics between the topics of the general and the subjects of the study of manuscripts especially I have participated in an acceptable research in Kumampur in Malaysia and the research received the Golden Prize and published in the events of the Arabic manuscript also titled Marriage Contracts And the divorce in the documents of the Ottoman era and its importance in our modern life and I divided my research that we are going to the three chapters of the first chapter I talked about the realization of the Islamic buildings contained in the research documents published for the first time here and the second about the realization of the names of streets, roads and alleys and the third of the achievement of titles and functions and followed the descriptive and analytical approach during the study .

Research objectives:

The aim of the research is to investigate and study the documents published for the first time and aim to shed light on the description of the Islamic civil Constructions 2. Investigation of documents and their

identification of the names of streets, roads, kindness and alleys 3. Realization of the names and social standing of the owners of transactions in that period

4- Realization of the functions of the titles contained in this period summary The search includes a title that includes a study and investigation of the constructions, places, streets, roads and jobs that came in documents and arguments held in the records of the sharia courts and dates back to the Ottoman period in the city of Cairo and the research included an introduction that included The reasons for the choice of research and its importance and the previous studies and the research plan which included several chapters the first chapter included the study and investigation of the constructions contained in the documents and the second chapter on the study and Investigation of the book and the streets and administrative divisions contained in the Ottoman documents and the third chapter included study And an investigation of the names, functions and titles contained in the documents and arguments of the Ottoman era of Egypt. The search included a set of results and a video extension of the photographer that is published for the first time.

الافتراءات على السيرة النبوية حديثا ووثيقةً (تميم الداري أنموذجا)

د. سعد عبد اللطيف الأعظمي

شركة العالي للاستشارات الهندسية

alaalyking@yahoo.com

لقد جذبت السيرة النبوية العطرة الكثيرين من الكُتّاب والباحثين عبر التاريخ، وتعرضت للكثير من الافتراءات في وضع الأحاديث من قبل أشخاص حقيقيين، أو وهميين ، فجاء دور الباحث ليعيد صياغة فكرية منهجية لما كتب عنه معاصروه واللاحقون بأسلوب استخدم كل الأساليب المنهجية في فن التحري والاستقصاء، ومسك هفوات التاريخ لتنقية هذة السيرة الكريمة مما رافقها من التباسات لا تليق بمقام بسيد الأولين والآخرين – صلى الله عليه وسلم –.

إن هذا البحث يتناول رؤية علمية دقيقة لفرز السيرة النبوية وتنقيتها مما أدخل عليها من تزوير وافتراءات على عهد النبوة والخلفاء الراشدين، وكيفية دخلت هذه المستمسكات التزويرية التي انطلت على جهابذة العلم ورواة الأحاديث للسلف الصالح . تناول الباحث تعاريف الصحابي ، من هو تميم الداري ؟، و العطاءات النبوية الشريفة ، أحاديث تميم الداري، وناقلي تلك الاحاديث

منهج البحث : المنهج التحليلي الموضوعي

نوع الدراسة – نظرية تحليلية تاريخية

خلاصة النتائج – بيان حقائق التزويرإوارهاصات من مثلوا التزوير، وكيف نحدد دور علماء الامة تجاه ذلك.

كلمات مفتاحية: تميم الداري، الاعطاء ، أحاديث مدسوسة ،الصحابي، المستشرقون

Abstract

Research Methodology: Objective Analytical Approach

Keywords: Tamim al-Dari, giving, whispered conversations, companions, orientalists.

The Prophet's biography has attracted many writers and researchers throughout history and has been subjected to many fabrications in the development of conversations by real or imaginary people. The role of the researcher has come to rephrase the methodical thinking of what his contemporaries and followers have written in a manner that used all the methodological methods in the art of investigation and investigation and grasping the vagaries of history The honorable biography accompanied by the ambiguities of the inconvenience of the place of the first and others, peace be upon him.

This research deals with a precise scientific vision to sort out and purify the Prophet's biography, which was introduced by falsification and fabrication on the era of Prophecy and the adult caliphs and how to enter these fraudulent documents that were imposed on the scholars of science and the narrators of the hadiths of the good predecessors.

The researcher dealt with the definitions of the Sahabi, who is Tameem Al-Dari, and the Noble Prophetic Tendencies, the hadiths of Tamim Al-Dari and the narrators of those hadiths

Type of study – Historical analytical theory

Summary of the results – a statement of the facts of fraud and fraudulent examples of fraud and how we challenge the role of nation scientists towards it.

طرق معرفة أسماء التفاسير المخطوطة المجهولة ومعرفة مؤلفيها

تفسير ابن حبيب النيسابوري (ت 406هـ) أنموذجًا

الدكتور / عبد الله بن حمد بن عبد الله المنصور

جامعة المجمعة / المملكة العربية السعودية

ah.almansor@mu.edu.sa

الملخص

توجد العديد من مخطوطات التفسير في فهارس المخطوطات منسوبة إلى مجاهيل، ويمكن عزو ذلك إلى عدة أسباب، وفي ظن الباحث أن نسبة المخطوط إلى مجهول مرحلة أولية في عملية الفهرسة يجب علاجها في مرحلة تالية. وهذا البحث يتكلم عن طرق وخطوات ومراحل معرفة أسماء التفاسير المخطوطة المجهولة وتعيين مؤلفيها. وسعيًا إلى هذا الهدف العلمي، كتبت هذا البحث مع تطبيق ذلك على تفسير مخطوط موجود في مكتبة شستربتي برقم 3496 تحت عنوان : تفسير القرآن، واسم المؤلف: مجهول، وتقع في 215 ورقة، يبدأ ببداية سورة الأنفال، وينتهي بنهاية سورة الشورى.

وبعد الدراسة وتطبيق الأساليب المعتمدة في البحث تبين أنها قطعة من نسخة فريدة من تفسير ابن حبيب النيسابوري الحسن بن محمد بن حبيب بن أيوب، أبو القاسم النيسابوري (ت 406 هـ = 1016م).

نوع الدراسة : نظرية مكتبية.

منهج الدراسة : وصفية تحليلية.

نتائج البحث المتوقعة :

1- وضع أساليب وخطوات ومعايير يتعين اتباعها لاستكشاف مخطوطات التفسير المنسوبة إلى مجاهيل في فهارس المخطوطات.

2- لفت الأنظار إلى مخطوطات التفسير المنسوبة إلى مجهول، والعمل على كشف أسمائها ومعرفة مؤلفيها.

3- توجيه بحوث طلبة الدراسات العليا إلى هذا النوع من البحوث.

4- اكتشاف نسخة فريدة – إلى الآن – من تفسير ابن حبيب النيسابوري، رغم كونها ناقصة البداية والنهاية.

كلمات مفتاحية : المخطوطة المجهولة – تفسير – ابن حبيب النيسابوري –

رصد وفهرسة مخطوطات خزانتي مسجد سيدي موسى الخذري والمركز الثقافي الإسلامي بسكرة.

د. جمال عناق

جامعة العربي التبسي – تبسة

bis07al40@gmail.com

الملخص

تحتفظ الجزائر بمجموعات كبيرة من الدفاتر العربية والتركية، والوثائق الخطية، التي نجدها محفوظة في عدة أماكن في الزوايا والمساجد، وكذلك في أرشيفات الهيئات الشرعية بالمدن المختلفة. ولا غرو أن العمل والاشتغال والبحث عنها لدراستها لا يخلو من صعوبة وبذل للجهد.

والواقع أن الإمكانات التي ستُتاح لنا لن تسمح بأكثر من القيام بعمل تقييمي أولي يندرج في إطار فهرسة لمخطوطات خزانة كل من مسجد سيدي موسى الخذري، وخزانة المركز الإسلامي بسكرة .

وللعلم أنه لا يمكن أن نصل إلى مبتغانا كاملا من هذه الفهرسة الأولية في هذه المرحلة الصعبة التي سنقوم فيها بالتحري والبحث، ومن ثم الجرد والإحصاء والتحليل الأولي لهذه المخطوطات إلا بمن يقوم بالمرحلة الأخرى، وهي تحقيق كل هذه المخطوطات، وهذا هو القصد والهدف المنشود لاحقا.

وسيتوجب علينا للقيام بهذه الفهرسة المرور بعدة خطوات، أو مراحل تفرض نفسها على الباحث في هذا المجال وهي:

1- مرحلة التحري والتنقيب عن المخطوط.

2- مرحلة تقييد المعلومات الخاصة بالمخطوط الذي يراد تحقيقه.

3- مرحلة التحقيق.

أما بالنسبة **للمرحلة الأولى**، فهي أصعب مرحلة؛ لأنها مرتبطة بالبحث والسؤال عن هذا المخطوط ومكان تواجده، و بالأساس أصبحت في يومنا هذا ترتبط بالثقة والأمانة وبالعلاقات الشخصية؛ لأنه ليس على صاحب المخطوط، أو المسؤول عنه الثقة في الباحث وأمانته. في ظل ندرة المخطوط وفقدانه. فكثيرا ما وجدنا الأبواب مغلقة في وجوهنا بمجرد نطق كلمة "**مخطوط**" !!؟؟. فعلى الباحث في هذه الحالة التحلي بالصبر والعزيمة ومحاولة إيجاد علاقات اجتماعية طيبة وبنائها دون تصنع للوصول إلى مراده العلمي.

أما بالنسبة **للمرحلة الثانية** فسنحاول فيها التقيد بعناصر وصف المخطوط ظاهريا، وذلك بذكر إذا كان مجلدا، أو غير مجلد وحالته الصحية جيدة أم رديئة، وذلك بوصف أوراق النسخة، وتحديد مقاس الأوراق، وتعيين المداد ولونه، وتعيين الخط الذي كتبت به، وهي من الأمور المهمة في أي فهرسة لأي مخطوط، وعدد الأوراق، واسم الناسخ، وسنة النسخ...إلخ ، وهي من الأمور التي سنحاول التقيد بها في منهجية الفهرسة.

هذا وللعلم أننا سنعتمد على الترتيب الزمني لفهرسة المخطوطات التي تحصلنا عليها أي من الأقدم إلى الأحدث، وسنحاول إرفاق كل فهرسة مخطوط بصورة طبق الأصل من الصفحة الأولى، وصفحة من وسط المخطوط، وصورة من الصفحة الأخيرة، وتوثيق كل ملاحظة أمكننا ملاحظتها عن العنوان، أو زمان النسخ، أو صاحب النسخ، ولن نترك أي تعليق في هوامش هذه المخطوطات فيها جديد إلا وسنتطرق إليه في آخر الفهرسة.

وللعلم فمن خلال مطالعتنا الأولية لهذه المخطوطات –والتي يغلب عليها التخصص الفقهي– وقراءة التعاليق في الحواشي والهوامش، قد أثارت في أنفسنا العديد من التساؤلات وعلامات الاستفهام، حول تاريخ المنطقة ومساجدها وتراثها الفقهي المكتوب، والعلاقات البينية المحلية والإقليمية داخل المنظومة الاجتماعية الاقتصادية والثقافية أثناء الحقبة العثمانية، فرغم الوضعية الاقتصادية والاجتماعية الصعبة التي كان يمر بها أهالي المنطقة في القرنين (18 و19م) إلا أن إقبالهم وإجلالهم لطلب العلم الشرعي كان حقيقة بمثابة الحصن لهم ضد آلية المسخ الاستيطاني التي ستتعرض له الجزائر في زمن الاحتلال الفرنسي.

ورغم أن تعليقاتنا ستكون مختصرة، إلا أن هم الباحث الأول بما قدر عليه في البحث عن الدقة، هو نشر وفهرسة لهذه المخطوطات وخدمة البحث لتراث المنطقة، تاركا **المرحلة الثالثة** وهي مرحلة التحقيق لدارسي المخطوطات ومحققيها، بحيث يتولون الدراسة المفصلة لهذه المخطوطات.

كلمات مفتاحية: مخطوطات — خزانة مسجد سيدي موسى الخذري– والمركز الثقافي الإسلامي بتبسة –

القول العلي في قراءة الإمام الكسائي عليّ دراسة وتحقيقًا

د. مشاعل سالم باجابر

جامعة أم القرى– مكة المكرمة

msbajaber333@gmail.com

الملخص

الحمد لله وحده والصلاة على من لا نبيَّ بعده، وبعد: فعمدت في بحثي هذا إلى تحقيق كتاب: "القول العلي في قراءة علي" لابن أبي الوفاء دراسة وتحقيقًا، توفي في حدود سنة 970هـ، وهو كتاب قيِّمٌ في بابه، ومراجعُه أصيلة، وللمؤَلِف العديد من المؤلفات في القراءات ولم تحقق بعد، وهذا يفيد في إظهار التراث الإسلامي بتحقيق علميٍّ أصيل، وجعلت خطة بحثي كالتالي:

المقدمة وفيها: أهمية المخطوط ومميزاته، منهج المؤلف، منهجي في تحقيق الكتاب، خطة البحث.

الفصل الأول وفيه:

أولاً: **التعريف بالمؤلِف**:

اسمه ونسبه وكنيته، مذهبه، مؤلفاته وآثاره العلمية، ثناء العلماء عليه، وفاته.

ثانياً: **التعريف بالمؤلَّف**:

اسم المخطوط، صحة نسبته لمؤلِّفه، وصف المخطوط، نماذج من المخطوط.

الفصل الثاني وفيه: تحقيق نص المخطوط

أولاً: أصول قراءة الكسائي **ثانياً**: فرش قراءة الكسائي

الخاتمة: وفيها أهم النتائج والتوصيات.

كلمات مفتاحية : القول العلي – قراءة الكسائي – المخطوط

دور علم الفهرسة في وصف المخطوطات بمؤسسات المعلومات: الواقع ورؤى المستقبل

يوسف عيسى عبد الله بروفيسور

أم درمان الإسلامية

yusufeissa51@yahoo.com

مدخل إشكالية الدراسة:

تتمثل مشكلة البحث في إبراز دور علم الفهرسة بشقيها الوصفي والموضوعي في ترتيب المخطوطات في مؤسسات المعلومات (المكتبات، مراكز المعلومات، دور الوثائق والأرشيف، المتاحف)، ذلك لأهمية المخطوطات بوصفها أوعية معلومات ذات قيمة علمية، وحاجتها إلى مزيد من الإجراءات للتعريف بها وبدورها. ويمكن صياغة مشكلة البحث في السؤال الآتي: ما دور علم الفهرسة في ترتيب المخطوطات والتعريف بها في مؤسسات المعلومات؟

تساؤلات الدراسة:

1- ما المخطوطات، وما أهميتها، وما طرق تكونها ؟

2- ما أسس علم الفهرسة في ترتيب المخطوطات والتعريف بها في مؤسسات المعلومات؟

3- ما أهم ملامح قواعد فهرسة المخطوطات في مؤسسات المعلومات؟

4- ما دور علم الفهرسة في ترتيب والتعريف بالمخطوطات في مؤسسات المعلومات؟

5- ما المعيقات التي تواجه علم الفهرسة في ترتيب المخطوطات والتعريف في مؤسسات المعلومات؟

مختصر أهداف الدراسة:

تهدف الدراسة إلى:

1- التعريف بالمخطوطات، وطرق تكونها، وأهميتها.

2- الكشف عن أسس علم الفهرسة في ترتيب والتعريف بالمخطوطات في مؤسسات المعلومات.

3- معرفة قواعد وصف المخطوطات.

4- ابراز دور علم الفهرسة في ترتيب المخطوطات والتعريف بها في مؤسسات المعلومات.

5- فهم المعيقات التي تواجه علم الفهرسة في ترتيب المخطوطات والتعريف بها في مؤسسات المعلومات.

أصالة البحث:

تتمثل أهمية البحث في أهمية المخطوطات بوصفها وعاء معلوماتيًا، وأهمية علم الفهرسة في ترتيب والتعريف بالمخطوطات، ومحاولة الإسهام في مجال دراسات المخطوطات .ولفت نظر القائمين على

أمر مؤسسات المعلومات إلى أهمية المخطوطات وفهرستها، مما تسهل من عمليات الوصول إليها من قبل المستفيدين.

والنتائج المتوقع الوصول إليها ربما تسهم في حل المشكلات المواجهة لفهرسة المخطوطات بمؤسسات المعلومات.

النتائج المتوقعة:

1- أن لعلم الفهرسة دوره المهم في وصف المخطوطات في مؤسسات المعلومات.
2- تباين قواعد الوصف بالنسبة للمخطوطات قلَّل كثيرا من الإفادة منها داخل مؤسسات المعلومات من قبل المستفيدين.
3- توجد جملة من المعيقات التي تواجه فهرسة المخطوطات منها: تعدد المداخل، وطبيعة المخطوطات بوصفها وعاءً معلوماتيًّا.

نوع الدراسة: نظرية مكتبية.

خلاصة النتائج:

إن توظيف علم الفهرسة في وصف المخطوطات، يمكن من التعريف بها وما تحويه من كنوز .أن هنالك تباينًا في قواعد فهرسة المخطوطات، مما صَعَّب من بناء المداخل، وقد يطلب الأمر وضع مقترحات ورؤى لحل المعيقات.

كلمات مفتاحية: علم الفهرسة – فهرسة المخطوطات – مؤسسات المعلومات

المنهج العلمي لتحقيق المخطوطات

د. إندونيسيا خالد حسون

جامعة الملك عبد العزيز

ikhassoun@gmail.com

المقدمة : وفيها أهمية البحث، وسبب اختيار الموضوع ،وتحتوي على الخطة التالية :

المبحث الأول : تعريف منهج التحقيق لغة واصطلاحًا .

المبحث الثاني : أركان المخطوط .

المبحث الثالث : طرق التأليف في المخطوطات.

المبحث الرابع : مراحل التحقيق الثلاث النظرية والعلمية والإخراج للطباعة .

المبحث الخامس : جمع النسخ ومعايير اختيار النسخة الأصل .

المبحث السادس : الوسائل الفنية لفحص النسخ الخطية .

المبحث السابع : محتويات النص المحقق.

المبحث الثامن : خطة التحقيق العامة .

المبحث التاسع : منهج إثبات النص .

المبحث العاشر : قواعد التحقيق و التوثيق والتخريج .

الخاتمة : وفيها أهم النتائج التي توصلت إليها

كلمات مفتاحية : التحقيق – المخطوط – التوثيق والتخريج – إثبات النص .

ملخص قراءة في كتاب نزهة الأذهان في تراجم علماء داغستان للعلامة نذير الدركيلي التهوني الداغستاني

أ.د. عبد الباري محمد الطاهر
أستاذ ورئيس قسم التاريخ الإسلامي والحضارة الإسلامية بكلية دار العلوم جامعة الفيوم
amt01@fayoum.edu.eg

الملخص

الحمد لله، والصلاة والسلام على رسول الله وعلى آله وصحبه ومن والاه، وبعد...

فإن كتاب نزهة الأذهان في تراجم علماء داغستان للعلامة نذير الدركيلي التهوني الداغستاني (المتوفى في تاريخ 1938م) من أهم المخطوطات المعاصرة التي جمعت العشرات من تراجم العلماء (**الداغستانيين**) الماضيين ، والأئمة الهداة البارعين ، الذين نشروا أعلام الهدى بين المسلمين ، وكانوا قوادًا وأمراء في المعارف العمومية، واجتهدوا في نشر الأنوار المحمدية بين هذه الأقوام المختلفة العادات والعوائد بهذه الجبال والصحاري في الأزمنة المختلفة على مقتضى أحوال أزمنتهم" .

وقد اعتمد –رحمه الله تعالى– على قول بعض العلماء :– " **إن لم يكن العلماء أولياء لله ، فليس لله وليٌّ** " – فإنه جاء ببديعة المؤلفات في مؤلفات جميع العلماء الماضيين ، واستدرك لجمع الفوائد المشردة التي أهملها الهداة العاملون ولا يخفى ما في جمع تاريخٍ في طبقات العلماء الداغستانيين ، وتأليف أحوال الأولياء العارفين والأدباء الكاتبين من الفوائد العلمية ، والنصائح الشاملة ، فقام الشيخ نذير بهذا العمل الجليل وحده ، مع صعوبة مسلكه ، ولا سيما في عصره.

وقد نسخ هذا الكتاب بخط يده الشيخ **محمد نور محمد الهركاني الداغستاني**.

وسيحاول الباحث تقديم قراءة موجزة لهذا الكتاب الذي يعرض صورة لعلماء داعستان عبر العصور.

وينقسم البحث إلى عدة مباحث على النحو الآتي:

المبحث الأول: داغستان جغرافيا وبشريا.

المبحث الثاني: كتاب نزهة الأذهان في تراجم علماء داغستان وأهميته.

المبحث الثالث: ترجمة للناسخ للمخطوط الشيخ **محمد نور محمد الهركاني**.

المبحث الرابع: العلامة نذير الدركيلي التهوني الداغستاني وتكوينه الثقافي.

المبحث الخامس: منهج العلامة نذير في كتابه نزهة الأذهان.

المبحث السادس: موضوعات كتاب نزهة الأذهان.

الخاتمة.

كلمات مفتاحية : المخطوط – نزهة الأذهان – علماء داغستان – نذير الدركيلي التهوني الداغستاني

"التراث المخطوط ودوره في إثراء الدراسات الفقهية"

د. عبد العزيز بن أحمد العليوي

أستاذ الفقه المشارك بجامعة المجمعة.

a.alolaiwi@mu.edu.sa

الملخص

في الوقت الذي أضحى المخطوط الفقهي يصارع جملة من الأخطار تهدده، بات على المهتمين بالفقه أساتذة وباحثين، دارسين ومهتمين، ومؤسسات علمية وغيرها، السعي الجاد لحماية هذا الإرث الحضاري المهم من الضياع.

ولا ريب أن من أهم الدراسات المخطوطة: الدراسات الفقهية، ومن هنا تأتي هذه الدراسة لتبرز دور التراث المخطوط، وأثره في إثراء الدراسات الفقهية، وسبل الاستزادة بعد الاستفادة من هذا الإرث الكبير المحفوظ في الخزائن والرفوف.

أهمية البحث:

تنطلق أهمية البحث من أهمية المخطوطات الفقهية الموجودة في مكتبات العالم، ولا شك أن تحقيق المخطوطات مع أهميته في إحياء التراث ونشره، فإنه في الوقت ذاته خطيرٌ جدا إذا قام به مَن ليس أمينا عليه، أو من لا يجيد التحقيق، حيث يعبث بالمخطوط، ويشوه محتواه ويصرفه إلى غير وجهته، ولهذا لابد أن يتولى التحقيق المؤهلون له وفق القواعد المنهجية لهذا الفن؛ لتخرج المخطوطات بذلك كما وضعها مؤلفوها بدون زيادة في النص ولا نقصان.

وإن كثيراً من القضايا والمعارف يساعد على فهمها بشكل صحيح، العودة إلى الأمهات والمصادر الأصلية من كتب التراث، ولن يتحقق ذلك إلا بإخراج تلك الأمهات والمصادر محققة إلى عالم النور، لذلك يجب أن توجه الجهود إلى هذا العمل الجليل وبذل الوسع في تحقيق التراث وإخراجه.

مشكلة البحث:

- ما أهمية المخطوطات الفقهية؟.
- أين توجد المخطوطات الفقهية؟.
- كيف يمكن الإفادة من التراث الفقهي المخطوط؟.
- ما الآمال المرجوة من المؤسسات تجاه التراث الفقهي المخطوط؟.
- ما دور التراث المخطوط في إثراء الدراسات الفقهية؟.

أهدف البحث:

- بيان أهمية علم المخطوطات الفقهية.

- التعرف على مظانّ وجود المخطوطات الفقهية.

- التعرف على كيفية الإفادة من التراث المخطوط.

- بيان الآمال المرجوة من المؤسسات تجاه التراث الفقهي المخطوط.

- إبراز دور التراث المخطوط في إثراء الدراسات الفقهية.

منهجية البحث.

المنهج الوصفي التحليلي، عن طريق تحليل ما كتب عن التراث الفقهي المخطوط، ورصد ما يمكن أن يكون مهددًا للمخطوطات.

خطة البحث:

المقدمة: أهمية الموضوع، وعناصر البحث.

المبحث الأول: أهمية علم المخطوطات الفقهية، ومظانّ وجودها، وفيه مطلبان:

المطلب الأول: أهمية علم المخطوطات الفقهية.

المطلب الثاني: مظان وجود المخطوطات الفقهية.

المبحث الثاني: كيفية الإفادة من التراث الفقهي المخطوط.

المبحث الثالث: الآمال المرجوة من المؤسسات تجاه التراث الفقهي المخطوط.

المبحث الرابع: أثر التراث المخطوط في إثراء الدراسات الفقهية.

الخاتمة: أهم النتائج والتوصيات.

كلمات مفتاحية : التراث المخطوط – المخطوطات الفقهية – الدراسات الفقهية

المنهج الوثيق في أصول التحقيق

أ.د. محمد صالح جواد السامرائي

كلية الإمام الأعظم الجامعة ببغداد

mohammed19552013@gmail.com

الملخص

مدخل البحث وإشكاليته: بيان أنواع المناهج في التحقيق واختيار الأرجح منها مع بيان أصول التحقيق وخطواته، وإشكالية البحث هو تضارب المناهج، ومعالجتها ببيان الأصوب في منهج التحقيق بما يحقق توازنًا للباحثين في مجال التحقيق بأسلوب علمي.

منهج الدراسة: دراسة تحقيق.

مختصر الأهداف: الوصول إلى منهج موحد في التحقيق، تفهم أحقية التراث بالحفظ والاهتمام.

الأصالة: البحث يسير ضمن منهج علمي أصيل من حيث الفكرة والمنهج والأسلوب والخطة، وهي كما يأتي:

المبحث الأول: مفهوم المنهج وأنواع المناهج، وتضمن التعريف بالمنهج، أنواع المناهج مع الترجيح.

المبحث الثاني: أصول التحقيق، وتضمن تعريف التحقيق ونشأته، المخطوط وصفات المحقق، خطوات التحقيق.

المبحث الثالث: مصطلحات التحقيق وإشكالياته، وتضمن أهم المصطلحات، أبرز مشكلات التحقيق، خطة البحث في التحقيق.

النتائج المفترضة: الوصول إلى أفضل مناهج التحقيق، إرشاد طالب التحقيق إلى الطرق الصحيحة في تحقيق التراث، تفصيل مراحل التحقيق من اختيار المخطوط ثم جمع النسخ ثم ترتيبها ووصفها، بيان ضوابط التحقيق.

نوع الدراسة: نظرية مكتبية.

خلاصة النتائج: معرفة طرق التحقيق، تذليل الصعوبات لطالب التحقيق، بيان المصطلحات والإشكاليات.

كلمات مفتاحية : التحقيق – التراث – المخطوط .

دور جامعة إفريقيا العالمية في جمع المخطوط الإسلامي في إفريقيا: دراسة تجربة معهد يوسف الخلية

د. عبدالله عبد الخالق   فيصل صالح الصبر

جامعة إفريقيا العالمية

alsabor80@gmail.com

الملخص

تهدف الدراسة إلى التعريف بالمخطوطات الإسلامية والعربية، والدور الذي يقوم به الأفراد والمؤسسات لحفظها، والعمل على تتبعها في أماكن وجودها، كما تهدف إلى التعرف على التجربة التي اتبعتها جامعة إفريقيا العالمية عبر معهد يوسف الخليفة لكتابة اللغات بالحرف العربي، لجمع المخطوطات والوثائق الإسلامية في الدول الإفريقية وما تم من جهود من أجل الحصول عليها وحصرها. صيغت مشكلة الدراسة في السؤال الرئيس التالي: ما دور جامعة إفريقيا العالمية في جمع المخطوط الإسلامي في إفريقيا؟

سيتم استخدام المنهج التاريخي والمنهج الوصفي بشقيه المسحي ودراسة الحالة، لغرض هذه الدارسة.

تقسم الدراسة إلى المحاور الآتية:

المحور الأول: التعريف بالمخطوطات.

المحور الثاني: المخطوطات العربية والإسلامية.

المحور الثالث: الدراسة التطبيقية (جمع المخطوط الإسلامي في إفريقيا).

كلمات مفتاحية: المخطوطات – الأرشيف – الوثائق – جامعة إفريقيا – معهد يوسف الخليفة

مناهج المحدثين ودورها في النهوض بالمخطوطات وتحقيقها

أ.د. عمر حميد مراد د. قاسم محمد نجم

رئاسة ديوان الوقف السني العراقي / مركز المخطوطات والوثائق

mmqqnn76@gmail.com

ملخص البحث

التحقيق إثبات القضية بدليل، وتحقيق النص معناه : قراءته على الوجه الذي أراده مؤلفه ، أو على وجه يقرب من أصله الذي كتب به هذا المؤلف . وهي ليست مسألة سهلة كما يظن البعض، بل هي تتطلب جهدا وقراءة فاحصة واطلاع واسع للوقوف على مداد المؤلف، وكذلك يظن بعض الباحثين أن فنّ تحقيق النصوص عبارة عن فن معاصر ابتدعه بعض المعاصرين من المحققين ، أو هو عبارة عن فنّ أخذ من المستشرقين والغربيين. لكن الحقيقة بخلاف ذلك فالتراث الذي تركه الأئمة من المخطوطات والمؤلفات التي لا تحصى خير دليل على تقدم المسلمين بتحقيق النصوص والمؤلفات .

مشكلة البحث: وفي بحثنا هذا أردنا الوقوف على مشكلة وهي : بيان أن تحقيق المخطوطات فنٌّ ليس وليد اليوم، بل هو علم قديم، والأئمة الذين اشتهروا بهذا الفنّ هم عمالقة هذا العلم، وقطعوا شوطا طويلا فيه ، وكذلك مناقشة مسالة أخرى وهي أن الغرب هم عالة على المسلمين في هذا العلم العظيم .

منهج الدراسة : ولهذا كان منهجنا هو منهج الدراسة الوصفية التي تبين مناهج المحدثين ودورها في إبراز هذا التراث العظيم ، وبيان الخطوات التي سار عليها الأئمة في مناهجهم في تحقيق المخزون العظيم من المخطوطات التي أسهمت في نهضة علمية كان لمناهج المحدثين دور في ذلك وبفضل تلك الجهود حفظ تراث الأئمة من الضياع .

أهداف البحث : من الأهداف التي يمكن تحقيقها في هذا البحث توضيح مناهج المحدثين وطرقهم المتبعة في تخريج الأحاديث، والحكم عليها عن طريق تحقيق المخطوطات .

ومن أنواع الدراسة التي اتبعناها في بحثنا هي الدراسة النظرية المكتبية .

النتائج المفترضة : أما النتائج التي نود إبرازها في بحثنا فهي بيان أثر مناهج المحدثين في حفظ تراث الأئمة من عبر المخطوطات التي حوت الكثير من علوم الشريعة وغيرها ، وكذلك إبراز الخطوات التي سار عليها الأئمة في حفظ المخطوطات .

كلمات مفتاحية : المخطوطات – التحقيق – تراث الأئمة

IBN ABI AL-DUNYA'S personality and creative traits

Iman Najm Abdul-Rahman

Prof. Madya Dr. Muhammad Mustaqim

Prof. Madya Paimah Atoma

iman.najmk@gmail.com

Abstract

Being the tutor of several Abbasid princes and leaving behind a sum of two hundred and seventeen (217) books wrote in various fields of sciences, Ibn Abi Al-Dunya has been well known to many, especially Hadith scholars. He held a remarkable status among the scholars of his time. He was a deeply spiritual man and someone who was seriously concerned about his society and Ummah in all. He was known for his ascetic life, and numerous scholars transmitted Hadith reports on his authority. He is also considered one of the earliest and most prolific writers who developed many genres.

Thus, the main aim of this paper is to introduce Ibn Abi Al-Dunya from a new angle that light was not shed on before. It focuses on the personal traits and creative abilities of this great scholar and reformer. It is no doubt that such a great interest and care given to his works in the past and now is the best proof of the unique and creative personality he held.

Keywords: Ibn Abi Al-Dunya, creativity, personality, Hadith.

مِنَصَّة التأصيل العلمي الإلكتروني للمخطوطات عن بُعد

علي سفر يعقوب الحوسني

جامعة العلوم الإسلامية الماليزية

ali.s.alhosani@gmail.com

الملخص

المخطوطات هي التراث الإسلامي، وهو مصطلحٌ شاملٌ يتسع لكلِّ ما له علاقة بالإسلام، وللمخطوطات أهمية كبيرة جدًّا، فعلوم الأمة مُدَوَّنٌ فيها، ومُدَوَّن فيها الوحي وتفسيره؛ وأحاديث النبي -صلى الله عليه وسلم- وشروحها، وفقه الأمة، وعلم الأئمة، وتاريخها، ولغتها، وثقافتها وغير ذلك، وأُمَّةٌ بغير ذلك ليست أُمَّة، واجتهادات العلماء السابقين في الحفاظ على هذه المخطوطات بطريقتهم الخاصة المعروفة لديكم، بل بذلوا من أجل مخطوط واحد الغالي والنفيس، وقطعوا الفيافي والسهول.

وبفضل الله -تعالى- علينا نحن في زمن التطور والتكنولوجيا، فأحببت أن أشارك في هذا المؤتمر بهذا المقترح الكبير الذي سوف يخدم في رؤية النور لهذه لمخطوطات المحفوظة في المكتبات العامة والخاصة في المتاحف.

موجز فكرة المشروع

لذلك فأنا أدعو إلى إنشاء منصة إلكترونية باسم (**منصة التأصيل العلمي الإلكتروني للمخطوطات عن بُعد**) في الشبكة العنكبوتية وبرامج التواصل الاجتماعي الذي من خلاله نقوم بنشر علم المخطوط، وهي خطوة ستكون موفقه بإذن الله، نحو تيسير نشر علم المخطوط وإظهاره بين طلاب العلم، وكلِّ المسلمين في جميع أنحاء العالم، بل هي فرصة لتوفير علم تأصيليّ مبني على القواعد الأصيلة لهذا العلم.

وستكون المواد الدراسية على هيئة تسجيلات صوتية ومرئية لمدة لا تتجاوز ٢٠ دقيقة لكلِّ درس، يرفق مع كل درس تفريغ المتن مع الشرح، وكتب دراسية بصيغة بي دي أف، خاصة بعلوم المخطوطات ودراستها وفهرستها وصيانتها وتحقيقها.

كلمات مفتاحية : منصة- التأصيل العلمي الإلكتروني -- علم المخطوط -

دور المؤسسات الأكاديمية في خدمة تحقيق المخطوطات (جامعة أم القرى أنموذجا)

د. حسن عائض آل عبد الهادي

جامعة أم القرى

ha.649@hotmail.com

الملخص

المبحث الأول: دور جامعة أم القرى في تحقيق المخطوطات والوثائق التاريخية.

المبحث الثاني: دور الأقسام العلمية في تحقيق المخطوطات والوثائق التاريخية.

المبحث الثالث: دور مركز الوثائق والاتصالات الإدارية في تحقيق المخطوطات والوثائق التاريخية

الخاتمة وفيها:

التوصيات وأهم النتائج

الفهرس

كلمات مفتاحية : التحقيق –الوثائق التاريخية – المخطوطات – جامعة أم القرى

أهمية صناعة الورق الجيد في خدمة المخطوط

د. كمال هادي صايل العيساوي م.م. أحمد محمد علي المشهداني

رئاسة ديوان الوقف السني

Ahmed.mmash@yahoo.com

الملخص

الحمد لله وحده لا شريك له، وله الحمد في الأولى والآخرة والصلاة والسلام على خيرته من خلقه ومن لا نبي من بعده وعلى آله وصحبه ومن والاه. أما بعد: فهذه الدراسة لها أثر كبير في حياة طالب العلم ، لأنها جزءٌ لا يتجزأ من أدواته ومهنته ، وتُعَدُّ صناعة الورق ذات أهمية كبيرة في علم الورّاقة ، كتدوين المعلومات من النساخين للمخطوطات، بل وقف عندها الأدباء والكتاب كالجاحظ والمسعودي ، ونودُّ أن نشير هنا إلى أن الهدف من دراسة هذه الخاصية من الصناعة، التأكيد على أهمية جودة الورق ونعومته وسمكه وقياساته؛ كي يكون الناسخ يمتلك مدارك نظره عندما يدون وثائقه ، وكذلك للمحافظة على سلامة المخطوط ، وقد سجلت لنا المصادر والمراجع طرق عن مهنة الورّاقة والمشاكل التي يتعرض لها الوراق في خصائص عمله، ويهدف هذا البحث كذلك إلى استنباط جوانب القيم المثالية من ثنايا و أسرار مجالس الوراقين وإسهاماتهم ، وهي متنوعة في الأخلاق والعبادات والمعاملات ، واتبعنا في هذه الدراسة المنهج التحليلي الذي يقوم على إيراد نصوص صنعة الوراقين وآثارهم ، مصحوبا أو متبوعا بدراستها وتحليلها واستنباط الفوائد والعبر والدروس منها ، وهذا التحليل أمرٌ مطلوب ، لأنه يشرح ويبين الألفاظ أو الترجيح للوقائع ونحو ذلك، بل هو اجتهادٌ يستنبط فيه الباحث ما يفيد القارئ من نصوص هذه الدراسة وأحداثها ، ولأن مهنة الوراقين رسالة ، وكلُّ الغاية منها في حياتهم ومنتهاهم هو أن يخدموا طلاب العلم، ويسهلوا مهمتهم، وأن يهذِّبوا أفكارهم، ونظرا لتشعب هذه المادة وتعدد فروعها توسعت مباحث الدراسة ، فظهرت في مقدمة وتسعة مطالب هي :

المطلب الاول: تعريف الوراقة في كتب التراث العربي. عند ابن خلدون المغربي، عند السمعاني، عند السخاوي، عند الجاحظ، عند الخطيب البغدادي. **والمطلب الثاني:** الورّاقون الذين امتهنوا مناصب القضاة، الأطباء ، أهل الخطط والوظائف الذين امتهنوا مهنة الطباعة والرواة والإخباريون، والعلماء والنحات والأدباء والشعراء والكتاب من أهل المغرب والأندلس.

أما **المطلب الثالث:** آهات وآلام وشكوى الورّاقين في كتب التراث: " الصولي، الشنتريبني، أبو حاتم الوراق، أبو هفات، أبو حيان التوحيدي، سماها حرفة الشؤم ". و**المطلب الرابع:** أسواق الوراقة في الولايات الإسلامية: " البصرة، الكوفة، واسط، دمشق، القاهرة، فاس، قرطبة، إشبيلية، غرناطة ".و**المطلب الخامس:** مجالس الوراقين.أما **المطلب السادس:** تجارة الورق.و**المطلب السابع:** الجودة في صناعة الورق. **والمطلب الثامن:** طرف من سيرة الوراقين. أما**المطلب التاسع:**أنواع الخطوط: تختلف الخطوط حسب الولايات الإسلامية مثل: الخط الكوفي، والمغربي، والأندلسي، ولها نُسَّاخٌ متخصصون، والجيد والرديء والخالي أحيانًا من التنقيط حسب جودة الناسخ وثقافته وحلاوة خطه. ثم الخاتمة، وقائمة المصادر والمراجع.

بيَّنا في المقدمة مضمون البحث ومراده، وختمناه بنتائج صوَّرنا فيها خلاصة البحث. وعبر هذه الجولة السريعة في رحاب أهمية صناعة الورق في خدمة المخطوط، يمكننا أن نُشير إلى توصياتٍ نتمنىّ للعاملين في الحقل الدّعوي والتعليمي أن ينظروا فيها بعين الاعتبار، ويقوموا بدراستها دراسة فاحصة، وتأخذ جانب الجد في التحري، والعناية، والتدقيق قدر المستطاع، ولأن الموضوع يجب أن تكون له نظرة جادة و كبيرة، وجديرة بالعناية من الباحثين، والعلماء المخلصين ؛لأن صناعة الورق ذات أهمية كبيرة في علم الورّاقة ،كتدوين المعلومات من طرف من سيرة الوراقين وآثارهم ، **وبينا** إسهامات الورّاقين ومجالسهم ، وكشف البحث عن مناصبهم وأسواقهم وتجارتهم، وعلى الدعاة والمفكرين غرس جوانب هذه الأهمية العليا في نفوس الأجيال، والاطمئنان الدائم والاتصال الروحي بها؛ لأنها من القيم الإنسانية و جزء من إحياء التراث الإسلامي ،.وأخيرا استنباط الدروس والعبر والمواعظ والحكم من أسرار هذه الدراسة؛ لأنها تحاكي العلماء والدعاة والمفكرين .

كلمات مفتاحية : المخطوط — صناعة الورق — الورّاقون — علم الورّاقة - الخطوط

قراءةٌ في منهج الأستاذ مختار بوعناني في جمع وتحقيق التراث اللغوي

د. زهور شتوح
جامعة باتنة1
chettouh.lettre86@gmail.com

ملخص

حظي التراث اللغوي الجزائري المخطوط منه والمطبوع باهتمام شديد من لدن الدكتور "بوعناني"، ولا أحد ينكر ما بذله من جهد كبير في إحياء هذا التراث اللغوي وبعثه إلى الساحة العلمية اللغوية، ذلك أن أغلب الجهود اللغوية للباحثين الجزائريين لا تزال مخطوطة وغير مفهرسة، مبثوثة في خزائن ربوع الجمهورية الجزائرية في ظلِّ غياب الهيئات التي تختص بجمعه وحصره وفهرسته، وتحاول هذه الورقة البحثية الوقوف على منهج الأستاذ "المختار بوعناني" في جمع التراث اللغوية وتحقيقه وقد ركّزنا على دراسته لمؤلفات الشيخ "المهدي بوعبدلي " الصرفية كنموذج للدراسة ، وتحاول هذه المداخلة الإجابة عن التساؤلات التالية :

- ما غرض الدكتور "المختار بوعناني" من نشر الرسائل المخطوطة للشيخ "المهدي بوعبدلي" ؟
- ما منهجه في تحقيق هذه الرسائل ؟
- ما المصادر التي اتكأ عليها الدكتور "بوعناني" لإنجاز مؤلفاته؟

مستعينين بالمنهج الوصفي التحليلي لإبراز جهود الباحث، وفي ختام قراءتنا لمنهج الدكتور مختار بوعناني في تحقيق التراث اللغوي واتخاذنا لمؤلفات **– الشيخ المهدي بو عبدلي الصرفية نموذجا –**

نكون قد وقفنا على جانب من جهوده في إحياء التراث اللغوي الجزائري خاصة، والعربي بشكل عام وبعثه إلى الحياة، بعد أن كان مجهولا حبيس الخزائن، إن شخصية كهاته تستحق منا وقفة إكبار اعترافا بجهودها، وبيانا لقيمتها، وتعريفا بها للباحثين والمهتمين بحقل تحقيق المخطوطات.

كلمات مفتاحية : تحقيق التراث – المخطوطات – مختار بو عناني – الشيخ مهدي بو عبدلي.

منهج المخطوط الألفيّ في التّوثيق

د. ساجدة حلمي سمارة إبراهيم نجم عبد الرحمن

جامعة العلوم الإسلامية الماليزية

ibro.na@gmail.com

الملخص

المخطوطاتُ بحرٌ زاخرٌ من تراث الأمة الإسلامية التي توزّعت نسخه في مكتبات العالم الخاصة منها والعامة، ومن بين هذا الكم الزاخر من هذه المخطوطات يوجد قسم من النسخ الخطيّة المبكّرة النادرة التي يمثّل بعضها الأساس والانطلاقة في منهجية التصنيف المبكِر، حيث إن هذه النسخ المبكّرة تحمل في طيّاتها منهج ذلك العصر وخصائصه وسماته وطرائقه في الشكل والمضمون نصًّا ونمطًا.

وسينتظم الحديث في هذه الورقة عن:

=منهج المخطوط الألفيّ في بيان النص وتوضيحه

=منهج المخطوط الألفيّ في استدراك السقط

=منهج المخطوط الألفيّ في علاج الزيادة، أو الوهم، أو التقديم والتأخير

=منهج المخطوط الألفيّ في تضعيف النص والتشكيك فيه

استدراك السقط، علاج الزيادة: بالكشط، المحو، الضرب والشطب

اللحق

الضرب

الشطب

المحو

رموز الضرب "لا إلى"

بيان الكلمة للتوضيح

بيان الحرف

التأكيد على صحة تكرار الكلمة دفعا للارتياب

الوصلة أو التعقيبة

الضبة

دارة المقابلة

وعبر هذه الرؤية ستكون ورقتي في المؤتمر الدولي الثالث للاتجاهات المتقدمة في الدراسات الإسلامية والمخطوطات، بعنوان:

"منهج المخطوط الألفيّ في التّوثيق".

كلمات مفتاحية : المخطوط الألفيّ– التوثيق – استدراك السقط — علاج الزيادة

أهمية المخطوطات العلمية وأبرز صعوبات تحقيقها

محمد أحمد المنصوري

جامعة العلوم الإسلامية الماليزية

am.almanssoori@gmail.com

الملخص

تُقاس حضارات الأمم بما لديها من ميراث علمي وثقافي، ومن هذا المنطلق تعدُّ الحضارة الإسلامية في مقدمة الحضارات المتقدمة لما تملكه من مخزون علمي وثقافي متنوع، ومن أهم صوره: المخطوطات العلمية، والتي تُعدُّ كنوزا ثمينة تدلُّ على مدى الرقي الحضاري الذي وصلت إليه الحضارة الإسلامية، و نظرا للأهمية البالغة لهذه المخطوطات العلمية في إثراء الحركة العلمية وفتح آفاق جديدة لعودة الحضارة العربية والإسلامية إلى موقعها الريادي بين الحضارات، فقد حرص الباحثون قديمًا وحديثًا على العناية بهذا الموروث، وعلى الرغم من ذلك مازال العديد من هذه المخطوطات حبيسة الأدراج بسبب العديد من الصعوبات التي حالت دون ظهورها وانتشارها، وقد كانت هذه الورقة لتسليط الضوء على أهمية تحقيق المخطوطات لتظفر بمزيدٍ من العناية والاهتمام، وكذلك لمعرفة الآثار النافعة من تحقيق المخطوطات على الأمة الإسلامية، وللتعرف على أبرز الصعوبات والعقبات التي حالت دون تحقيق مجموعة كبيرة من هذه المخطوطات.

وقد بدأت هذه الدراسة بالتعريف بمفهوم التحقيق، ومن ثم تطرقت إلى مفهوم المخطوطات، وانتقلت بعد ذلك إلى بيان الأهمية العلمية والثقافية للمخطوطات ودورها البارز في تسليط الضوء على روائع حضارتنا الإسلامية والعربية، ودورها في بناء حاضرنا ومستقبلنا.

وتناولت الدراسة أبرز الصعوبات التي قد تواجه الباحث في مجال تحقيق المخطوطات، ويُعدُّ تحقيق المخطوطات من الفنون الصعبة التي تحتاج إلى جهود عظيمة، وذلك نظرا لما يواجه المحقق من صعوبات وإشكالات عديدة أثناء قيامه بالتحقيق.

وقد اعتمدت الدراسة المنهج الوصفي التحليلي عن طريق قراءة وتحليل بعض الإنتاج الفكري المنشور، سواء عبر الكتب، أو المجلات، أو شبكة الإنترنت.

وتهدف الدراسة بشكل عام إلى التعرف على الأهمية العلمية والثقافية للمخطوطات العلمية، وصعوبات تحقيق المخطوطات.

تبيان الأصالة في موضوع البحث.

وقد استقصيت المادة العلمية لهذه الورقة من المصادر المتنوعة والتي تطرقت لجزئيات هذه الورقة، مع الإحالة لجميع ما أوردته من هذه المصادر، وتتضح أصالة هذه الورقة؛ من أنها جمعت عبر العديد من المصادر المتنوعة سواء من الكتب علمية، أو الأوراق البحثية، أو من طريق المواقع الإلكترونية.

نوع الدراسة :   {نظرية مكتبية }.

ومن أهم النتائج التي توصلت إليها في هذه الورقة:

‒   المخطوطات العلمية لها دور في إبراز روائع الحضارة العربية والإسلامية.

‒   هناك أسباب عديدة أدت إلى عدم طباعة العديد من المخطوطات ومن أهمها الصعوبات التي تواجه الباحثين في مجال تحقيق المخطوطات.

كلمات مفتاحية : المخطوطات العلمية ‒ الحضارة العربية والإسلامية ‒ صعوبات التحقيق ‒

المنهج الأمثل لتحقيق المخطوط

أ.د. فهمي أحمد عبد الرحمن القزاز

ديوان الوقف السني – مركز وعي للبحوث والدراسات

ibrahim_uae1@hotmail.com

الملخص

الحمد لله رب العالمين والصلاة والسلام على سيد الاوّلين والآخرين، وعلى آله وأصحابه الغرّ الميامين، ومَن سار على نهجهم إلى يوم الدين.

تكمن مهمة المحقق في إخراج النص من الكتمان إلى العلانية... والسؤال المهم الذي يتبادر إلى الذهن: هل التحقيق هو إخراج النص بين يديه كما كتبه المؤلف أو كتبت عليه ...إلخ، أو كما أراده المؤلف؟.

وينبري من هذا الخلاف سؤال مهم هو: هل يجوز للمحقق التلفيق بين نسخ المخطوط لإخراجه كما أراده المؤلف، أو إبقاء النص على حاله كما هو وإضافة ما يظن صوابًا من باقي نسخ المخطوط أو ما تقتضيه اللغة والسياق ...إلخ

وقد أجاب هذا البحث عن هذا التساؤلات وما يترتب عليها من خلاف في مناهج التحقيق.

وصَلَّى اللهُ وسَلَّمَ على سيّدنا مُحمّدٍ، وعلى آلهِ وصحبهِ أجمعين.

كلمات مفتاحية : منهج التحقيق – المخطوط – التلفيق

النُّسخ المبكّرة لمؤلفات الحافظ ابن أبي الدنيا (ت 281هـ)

الأستاذ الدكتور نجم عبد الرحمن خلف

جامعة العلوم الإسلامية بماليزيا

drnajim@hotmail.com

الملخص

عُرف الحافظ ابن أبي الدنيا بغزارة التصنيف؛ فتصانيفه بلغت مئتين وخمسة وعشرين، ما بين كتاب ورسالة، ومن جملة هذه المصنفات المباركة التي وصلت إلينا نسخ ألفية عتيقة كتبت بعضها بخط أبي الحسن اللِّنْبانيّ تلميذ المصنف، وهذه النسخ وإن كانت قريبة من عصر مؤلفها وضاربة في عمقها الزمني؛ إلا أن لها مزيّةً خاصة تضمنتها؛ وهي أن بعض هذه النسخ المبكّرة والتي كُتبت بخطوط العلماء المتقنين اشتملت على منهجية ذلك العصر في توثيق النص وضبطه وصيانته من الخطأ والتحريف، فهي تجسّد النموذج المثالي للنسخة العلمية المتكاملة ذات الطراز الأول بين نُظرائها من المخطوطات.

وسننتظم حديثنا في هذا البحث عن هذه النسخ الألفية المبكّرة للحافظ ابن أبي الدنيا.

كلمات مفتاحية : الحافظ ابن أبي الدنيا — النسخ الألفية – أبو الحسن اللِّنْبانيّ

المصاحفُ المبكِّرة المكتوبة بالخط الحجازي المائل

تسنيم أحمد حواتمه

جامعة العلوم الإسلامية الماليزية

ibro.naj@gmail.com

الملخص

القرآن الكريم توزّعت نسخه الشريفة في أنحاء العالم قبل أن تظهر الطباعة بزمن بعيد كان في كل بيتٍ مسلمٍ نسخٌ كريمة من هذا الكتاب العظيم؛ وبين هذا الكم المبارك من هذه النسخ الشريفة هناك نسخٌ خطيّة مبكِّرة ونادرة جدًّا، تمثِّل خصائص العصر الأول وسماته من كتابة القرآن الكريم.

وهذا البحث سيتناول النسخ القرآنية المبكّرة المكتوبة بالخط الحجازي المائل، بعنوان: "**المصاحف المبكِّرة المكتوبة بالخط الحجازي المائل**".

كلمات مفتاحية : المصاحف المبكِّرة – الخط الحجازي المائل – النسخ الخطية

دور معالي السيد جمعة الماجد في جمع و حفظ المخطوطات ومركز جمعة الماجد وكلية الدراسات الاسلامية بدبي أنموذجًا

عيسى جميل عبد الله ناصر الضبعوني

جامعة العلوم الإسلامية الماليزية

Binjamil999@gmail.com

الملخص

الحمد لله، والصلاة والسلام على نبينا محمد وعلى آله وصحبه أجمعين، وبعد:

فإنَّ تراث الأمة الإسلامية وميراثها عظيمٌ مليءٌ بالنوادر، ومكتظٌّ بالجواهر التي يعزُّ وجودها عند غيرها، وهذا كان نتيجة لتلك الجهود المثمرة والجبارة التي قام بها العلماء والمحققون من سلف هذه الأمة، فقد أفنوا أعمارهم، وأمضوا كل أوقاتهم، وصرفوا جميع اهتماماتهم من أجل العلم، وبتوفيق من الله –سبحانه– أدرك أبناء الأمة الإسلامية، وبالأخص طلبة العلم والمهتمون بإحياء التراث الإسلامي أهمية الحفاظ على هذه الجهود من الضياع ، فأنفقوا الكثير في سبيل تحقيق ذلك، وعملوا على إخراج تلك الدرر من مكنونها ، وإعادتها إلى مكانها الأول ، ليكون الأمر أكثر دقة، وأبلغ انتظامًا، فهرعت المؤسسات التعليمية المتعددة لتنفيذ تلك المهمة النبيلة والشريفة، وهي إنشاء مراكز متخصصة ، وإقامة معاهد متنوعة تخدم هذا الأمر، وتهيء للباحثين كلَّ ما يحتاجونه في هذا الشأن، وتسهل لهم طرق الحصول على المخطوطات بكل الوسائل المتاحة وفي أي مكان وجدت.

- فالإشكالية تدور حول صعوبة حصول طلبة العلم والباحثين على الكتب والمخطوطات لارتفاع ثمنها، وصعوبة الحصول عليها، و كيفية إنشاء مركز يحوي جميع المخطوطات من شتى بقاع العالم المنتشرة عبر العالم العربي والإسلامي .

فحرص معالي السيد جمعة الماجد –حفظه الله– عن طريق مركز جمعة الماجد للثقافة والتراث وكلية الدراسات الإسلامية بدبي، حرص على جمع المخطوطات وحفظها، والعمل على تحقيقها، وإقامة الدراسات المفيدة عبر أقسامها العلمية المختلفة، وفق ضوابط وشروط دقيقة مما نتج عنه توافر كمية هائلة من الرسائل العلمية والمخطوطات الأثرية ذات القيمة العلمية، فحرص معاليه على جمع هذه المخطوطات من أنحاء العالم الإسلامي والغربي ؛ لتصير في متناول الباحثين وطلبة العلم .

- ويهدف البحث إلى بيان الدور الفعّال الذي يقوم به مركز جمعة الماجد في جمع المخطوطات وحفظها.
- كما يهدف البحث إلى بيان جهود المركز في الطباعة والنشر وتأهيل وتدريب الباحثين .
- ويعتمد البحث على المنهج الوصفي و الموضوعي ، ونوع الدراسة نظرية وميدانية فالكلية .

- وفي نهاية البحث سأقوم بإبراز أهم النتائج والتوصيات .

كلمات مفتاحية : جمع المخطوطات — مركز جمعة الماجد للثقافة والتراث – وكلية الدراسات الإسلامية بدبي-

فنون التواصل الأسريّ في السيرة النبوية العطرة كتاب العيال لابن أبي الدنيا أنموذجا

أ. فيصل الشحي

جامعة العلوم الإسلامية الماليزية

Fs_4404@hotmail.com

الملخص

إن كتب التراث الخطية وما حُقِّق منها قد حوت كنوزًا وذخائر من العظات والعبر والفوائد ما يمكنها أن تكون علاجًا للكثير من أزماتنا الاجتماعية والعاطفية والأخلاقية والنفسية والتربوية وغيرها.

ومن هذه الكنوز التراثية التي وقفت عليها كتاب العيال للحافظ الكبير والمربي والقدوة ابن أبي الدنيا الحنبلي البغدادي المتوفى سنة ٢٨١هـ.

وسيكون هذا الكتاب التراثي الذي يعنى بالأسرة وجميع شؤون العائلة موضع اهتمامي ومشاركتي في هذا المؤتمر، وسأقوم عبر نصوصه التراثية التربوية المسندة أن أسلِّط الضوء على الفنون النبوية المباركة في التواصل مع الزوجة والأبناء في تمتين النسيج الأسري، وتوثيق عرى المحبة والمودة والألفة بين الأسرة الواحدة، كما سأعنى في دراستي هذه بجميع أنواع التواصل النبوي الشريف مع جميع أفراد الأسرة.

كلمات مفتاحية : التواصل الأسريّ– السيرة النبوية– كتاب العيال – ابن أبي الدنيا الحنبلي –

التراثُ المخطوط و دوره في إثراء دراسات العلوم الإنسانية

أ. لمياء البرنوص – جامعة ابن طفيل القنيطرة – المغرب

louloulamiaa2@gmail.com

الملخص

تُعدُّ المخطوطاتُ الوعاءَ الحضاريَّ الذي يكتنز جزءًا مهمًّا من فكر الشعوب والأمم وإبداعهم، وأحد أهم الروافد التي تتيح للدارسين الاطلاع على حركة التأليف في مختلف الأمصار، وبابًا يلج منه الباحثون للتعرف على الآثار الفكرية وعلى العلماء والأعلام، والسبيل إلى سبر ثنايا تلك الكتب بتحقيق النصوص المخطوطة ونشرها.

يُعدُّ البحثُ في تحقيق المخطوطات العربية و الإسلامية أهمَّ ما شغل العلماء المسلمين قديما و حديثا، حيث نجد أنهم بذلوا الغالي و النفيس في سبيل تحقيق هذا التراث الغني الوافر. و في هذا البحث سنتدارس بعض العلوم الإنسانية على العموم و العلوم الشرعية على الخصوص، و من بين تلك العلوم تحقيقهم للفقه والأصول واللغة والحديث والأخلاق والتصوف، وهذا ما سنعرضه بالتفصيل في هذا البحث.

أسباب اختيار الموضوع وأهميته

1–لأن بحث مشروع الإجازة كان تحقيق للمخطوط في علوم التفسير، و هذا ما دفع الباحث إلى تعميق البحث، وتحقيق علوم أخرى.

2–لإشاعة حالة الوعي بعلم المخطوط وأهميته.

3–نشر التراث الإسلامي الأصيل في وقت تعالت فيه شعاراتُ الدعوات المغرضة للتشكيك فيه، والتقليل من مكانته، والنيل منه، مما يُعدُّ تفريطا بتأريخ أمتنا وعلومها وآدابها. كلمات مفتاحية : التراثُ المخطوط – التراث الإسلامي – العلوم الإنسانية

المؤتمرُ الدَّوليُّ الرابعُ للاتجاهاتِ المتقدمة في الدراسات الاسلامية

6-7 أبريل 2019

ماليزيا

أصول الفقه وسؤال التجديد، قراءة في الاتجاهات النقدية المعاصرة

د. أم كلثوم حكوم داود بن يحي

جامعة الملك خالد

dr.benyahiah@gmail.com

الملخص

الحمد لله الذي هدانا لهذا، وما كنا لنهتدي لولا أن هدانا الله، والصلاة والسلام على رسول الله محمد بن عبد الله الذين بعثه الله بشريعة محكمة حنيفية سمحة، أساسها اليسر بالناس ورفع الحرج عنهم، وغايتها تحقيق مصالحهم والعدل بينهم، وعلى آله وصحبه الذين خلفوه في حراسة شريعته، وهداية أمته، وكانوا تماما لنوره، ودعاة إلى هداه، أما بعد:

فقد تعدد الدعوات المنادية بضرورة إخضاع علم أصول الفقه إلى عملية تجديد شاملة، ثم تباينت من حيث الغاية والآلية إلى طرفين ووسط، وما كان هذا ليكون لولا ما أصيب به النتاج الأصولي من تخمة جعلته ينزع إلى التنظير والتجرد دون الواقعية والعملية، واعتماد لغة معقدة صيرّته أقرب إلى الطلاسم منه إلى منهج استنباطي، حتى قيل عنه: "دونه خرط القتاد."

لقد عانى هذا العلم القيم المهم الملم بأدوات الفهم الصحيح من حشوِ ما ليس منه من علوم لا تخدمه، ومن عدم صلة بعلوم تخدمه كالدراسات الإنسانية، والدراسات المقارنة، وغيرها، وهو ما حذا بعلماء الأمة الأولين إلى التنبيه على أن هذا العلم علمٌ إسلاميٌ محض له خصوصيته كما هو الحال بعلم مصطلح الحديث الذي هو علم اختصت به الحضارة الإسلامية دون غيرها من الحضارات، وهو ما جهله البعض ممن التبس عليهم الأمر من المعاصرين فأخضعوه وعلم أصول لمطحنة النقد الغربي والتقريع الأدبي، والتفريغ المنهجي، والتبديد بدعوى التجديد .

وبناء على ما تقدم ذكره جاء هذا البحث محاولا الوقوف على أهمية سؤال التجديد في علم أصول الفقه، وكيف تعاطى علماء الأمة الأقدمون مع هذا السؤال بدءا بواضعه الإمام الشافعي، مرورا بالإمام الشاطبي إلى الإمام الطاهر بن عاشور، ثم كيف تعاطى أهل هذا العلم النفيس وغيرهم من المثقفين معه، حيث صار مقصدا لمن فقه الأصول، ولمن حرم الوصول، وما تخلل ذلك من محاولات سواء كان الهدف منها التجديد، أم الهدم والتبديد.

أولا: منهج الدراسة

سيعتمد في هذا البحث على المنهج التحليلي النقدي والذي يعتمد على عمليّاتٍ ثلاث: التّفسير، والنّقد، والاستنباط.

ثانيا: مختصر الأهداف

- حصر دعوات التجديد وتصنيفها من حيث المنشأ والمبتغى وبيان ما يصلح منها للاعتبار وما لا يصلح.
- الوقوف على آليات التجديد الشامل لعلم أصول الفقه عن طريق من تناولوا الموضوع تناولا جادا مجديا.

ثالثا: أهم النتائج

- ضرورة الاستفادة من العلوم المكملة لعلم أصول الفقه كالدراسات الإنسانية، والدراسات المقارنة، وغيرها.
- ضرورة العناية بالمقررات الجامعية الخاصة بعلم أصول الفقه.

خطة البحث

- مقدمة.
- المبحث الأول: مفهوم التجديد الأصولي.
- المبحث الثاني: قراءة تاريخية في صيرورة التجديد الأصولي من الإمام الشافعي إلى الإمام الطاهر بن عاشور.
- المبحث الثالث: سؤال التجديد في المدارس النقدية المعاصرة.
- المبحث الرابع: محاور التجديد في علم أصول الفقه.
- خاتمة.
- نتائج وتوصيات.

كلمات مفتاحية : أصول الفقه – الاتجاهات النقدية المعاصرة – التجديد الأصولي – الإمام الشافعي – الإمام الشاطبي - الطاهر بن عاشور

دور الأحزاب ومنظمات المجتمع المدني في الحياة السياسية الليبية: دراسة بين التيارات الإسلامية والمدنية

د. إلياس أبوبكر الباروني

كلية القانون – جامعة نالوت – ليبيا

elyas4010@yahoo.com

الملخص

لا شك أن المجتمع الليبي غنيٌّ بتركيبته الديموغرافية والسوسيوثقافية، ولكنه لم يواكبه مجتمعٌ مدنيٌّ فاعل ومؤثر؛ فالقبيلة كانت المتحكم الأساسي في المعترك السياسي من خلال توظيفها سياسيًّا خصوصًا في مرحلة حكم العقيد "القذافي" الذي عمل على "تصحير" الحياة السياسية، وحقنها بأيديولوجيا "رمادية" ترفض كل لون سياسي بدعوى "من تحزّب خان"، و"الحزبية إجهاض للديمقراطية"، والتمثيل النيابي تدجيل"، وغيرها من الأذرع السياسية الأيديولوجية المقيتة، ترتيبا مما سبق تتركز إشكالية الدراسة على سؤال رئيس المتمثل في: ما طبيعة دور الأحزاب ومنظمات المجتمع المدني في الحياة السياسية الليبية، حيث هدفت الدراسة إلى التعرف على نشأة الأحزاب السياسية في ليبيا، وتوضيح خريطة الأحزاب الإسلامية المنخرطة في الحياة السياسية الليبية، ومن ثم محاولة إبراز دور الأحزاب المدنية في الحياة السياسية الليبية، وكذلك الوقوف عند واقع منظمات المجتمع المدني في الحياة السياسية الليبية، واستخدمت الدراسة المنهج الاستقرائي الوصفي، والمنهج التحليلي النقدي، وذلك لفهم دور الأحزاب السياسية ودراستها ووصفها وتحليلها، ومنظمات المجتمع المدني وأدواتهما في تشكيل النظام السياسي لليبيا، وصولا إلى أهم النتائج المتمثلة في أن الدراسة أظهرت أن الأحزاب السياسية التي نشأت حديثا لأول مرة عقب سقوط القذافي عكست دينامية تنافسية، ولكنها لا تزال تفتقر إلى القدرة على إعلان برامج سياسية محددة، وتحديد هويتها السياسية وموقفها من القضايا الراهنة المتعلقة بقضايا التنمية التي تسعى ليبيا لتحقيقها، وعقب ثورة فبراير الليبية تم تشكيل عدد كبير من مؤسسات المجتمع المدني ومنظماته، لكنها لا تزال محدودة النشاط، ولا يوجد تواجدٌ لها في كل مناطق ليبيا، وهو ما يعكس أسلوب المبادرة والسعي إلى السيطرة

بتكوين تجمعات واتحادات بدون أن يكون لها ترجمة عملية على المستوى الشعبي في كلِّ أرجاء البلاد.
كلمات مفتاحية: دور- الأحزاب - منظمات المجتمع المدني - الحياة السياسية الليبية - التيارات الإسلامية والمدنية.

حصانة المبعوث الدبلوماسيّ: دراسة في الأسس الشرعية والمفاهيم والمهام.

أ.فيصل الطيب بن نجي.

أكاديمية الدراسات الإسلامية-جامعة ملايا

alfaisal.nji@gmail.com

الملخص

تناولت الدراسة مسألة حصانة المبعوث الدبلوماسي عبر الأسس الشرعية والمفاهيم والمهام، حيث تتركز إشكالية الدراسة على سؤال رئيسي متمثل في: ماهي الأسس الشرعية لحصانة المبعوث الدبلوماسيّ، والمفاهيم والمهام المقررة له، حيث تهدف الدراسة إلى التعرف على مفهوم المبعوث الدبلوماسي ومهامه، وتوضيح الأسس الشرعية لحصانة المبعوث الدبلوماسي، واتبع الباحث المنهج الوصفي التحليلي لدراسة الأسس الشرعية لحصانة المبعوث الدبلوماسي والمفاهيم والمهام المقررة له، ووصولاً إلى أهم النتائج المتمثلة بأن الدراسة أكّدت على أن المبعوث الدبلوماسيّ ممنُوحا بعقد أمان، أكسبه حصانة وحماية، وسهّل له مهامه بوصفه مبعوثًا دبلوماسيًا لا يجوز قتله تحت مبدأ تأمين الرسل في الإسلام، ويوصي الباحث الجامعات، ومراكز الأبحاث على دراسة الأسباب والعوامل التي أدّت إلى ازدياد تجاوزات وخروقات المبعوثين الدبلوماسيين، والعمل على إمكانية تعديل الاتفاقيات الدولية واتفاقية فيينا 1961م التي تخالف قوانين الشريعة الإسلامية، حيث أوصى الباحث الجامعات ومراكز الأبحاث على دراسة الأسباب والعوامل التي أدّت إلى ازدياد تجاوزات وخروقات المبعوثين الدبلوماسيين وفق منظور السياسة الشرعية، وضرورة العمل على دراسة إمكانية تعديل الاتفاقيات الدولية واتفاقية فيينا 1961م التي تخالف قوانين الشريعة الإسلامية.

كلمات مفتاحية: حصانة - المبعوث الدبلوماسي - الأسس الشرعية — المفاهيم — المهام.

حجية الإثبات بالقرارات المخبرية النسوية في القتل العمد

د. بندر بن طلال جمعة محلاوي

جامعة تبوك

Bandartm@gmail.com

الملخص

أهمية البحث:

تحتل مسائل الإثبات منزلة رفيعة في فقه القضاء، ومن ذلك مسألة الإثبات بالقرارات المخبرية التي غدت ضرورة حتمية للقاضي في عصر تطورت فيه التقنيات، فعرضت على القضاة مسائل ذات طبيعة مركبة ومعقدة، تمس فيها الحاجة إلى مساعدة أهل الخبرة من ذوي التخصصات المختلفة في الطب والهندسة وغيرهما، ومن ثم فقد يصدر القرار المخبري عن المرأة كما قد يصدر عن الرجل؛ وقد يترتب على مضمونه ونتيجته أحكامٌ تترتب عليه في مسائل القتل العمد ونحوها.

ومن هنا جاءت هذه الدراسة لتوضح ماهية الإثبات بالقرارات المخبرية، وحجية الإثبات بها، كما سعت إلى الكشف عمَّا يترتب من الأحكام على القرار المخبري الصادر عن المرأة في قضايا القتل العمد في الفقه الإسلامي وفي القانون.

أهداف البحث:

1- حكم الإثبات بأقوال أهل الخبرة في الفقه والقانون.

2- الحكم في حجية صدور القرار المخبري عن المرأة ما دامت من أهل التخصص وذات خبرة ودراية بموضوع القرار.

3- مدى حجية القرار المخبري الصادر عن المرأة في الإثبات فيما لا يطلع عليه إلا النساء، وفيما يؤول إلى المال، وكذا الحكم فيما يؤول إلى القتل.

- خلاصة النتائج:

- الإثبات بالقرارات المخبرية حجة في الفقه الإسلامي، حيث تضافرت فيه الأدلة الشرعية ونصوص الفقهاء على مشروعية الإثبات بأقوال أهل الخبرة في أبواب فقهية متعددة.

- تنسجم القوانين الوضعية العصرية في تنظيمها للإثبات بالقرارات المخبرية مع الشريعة الإسلامية التي تستمد أحكامها منها، وفي مسائل الخبرة بوجه عام عناية كبيرة.

- ليس هناك ما يمنع فقهًا أو قانونًا صـــدور القرار المخبري عن المرأة ما دامت من أهل التخصـــص وذات خبرة ودراية بموضوع القرار.

- القرار المخبري الصـــادر عن المرأة حجة في الإثبات فيما لا يطلع عليه إلا النســـاء، وكذلك الحال فيما يؤول إلى المال؛ لاسيما إذا شارك المرأة رجل في إصدار القرار.

- القرار المخبري الصـــادر عن المرأة فيما يؤول إلى القتل، لا يعد حجة يثبت بها الحكم بالقتل على المدعي عليه، وإنما يصلح حجة لإثبات الدية، وعقاب المدعي عليه عقوبة تعزيرية مناسبة وفق ما يراه القاضي.

كلمات مفتاحية : القرارات المخبرية – حجية الإثبات – القتل العمد – الفقه الإسلامي

الهمـز في القراءات القرآنية واللهجات العربية

دكتور أسعد الرشيد التجاني عبد الماجد

جامعة شندي

info@ush.sd

الملخص

الحمد لله ربّ العالمين ، والصلاة والسلام على سيّد الأنبياء والمرسلين ، وعلى آله وأصحابه ومن تبعهم بإحسانٍ إلى يوم الدين ، وبعد : فإنّ الهمز من المسائل التي اختلف فيها القرّاءُ والنحاةُ اختلافًا كبيرًا، يلحظه كلُّ مَن يطّلع على كتب القراءات والنحو واللّغة ، وقد حاولت في هذا البحث المتواضع تتبّع هذه المسألة بالرجوع إلى كتب القراءات والنحو واللّغة ، فبدأت بتعريف الهمز وبيّنت معانيه ، ثمّ وضّحت مذاهب القرّاء فيه، مجتنبًا الإسهاب المملّ ، مكتفيًا بما يعين القارئ على معرفة تلك المذاهب وفهمها ، ثمّ تتبّعت لهجات القبائل العربية في الهمز عن طريق الرجوع إلى كتب التفسير واللّغة والنوادر والأدب ، وقد توصّلت إلى نتائج منها :

1- أنّ تحقيق الهمزة أكثر انتشارًا في اللّهجات العربية من تسهيلها .

2- القراءات القرآنية عبّرت عمّا كانت عليه اللّهجات العربية قبل الإسلام .

3- أنّ القرّاء أحيانا يخالفون لهجات القبائل في مناطقهم فيحقّقون بعض ما يسهّل أو يسهّلون بعض ما يحقّق أو يهمزون ما لا يهمز .

كلمات مفتاحية : الهمز – القراءات القرآنية – اللهجات العربية -

أثرُ أسباب النزول في تفسير القرآن الكريم

محمد علي الكربي

جامعة العلوم الإسلامية الماليزية

alkurbi999@hotmail.com

الملخص

إن الله تعالى أنزل القرآن الكريم على نبيه -صلى الله عليه وسلم- هداية ورحمة للعالمين، فيه ما إن تمسكوا به ما يصلح دينهم ودنياهم، وأغلب آيات القرآن جاءت لتقرير العقيدة، وما شرَّعه الله من العبادات والمعاملات، وهناك قسمٌ من الآيات نزل لسببٍ من الأسباب كأن تقع حادثة، فينزل القرآن في شأنها، أو كأن يسأل النبي -صلى الله عليه وسلم- عن مسألة معينة فينزل الخبر عنها، وهذا ما يعرف في علوم القرآن بعلم أسباب النزول، ولهذا العلم أثر بالغ في تفسير القرآن الكريم، وقد يقع الاختلاف بين المفسرين في تفسير القرآن نتيجة لذلك، فقد يصعب على المفسر أن يستنبط الحكم من النصوص القرآنية قبل معرفته لسبب النزول، ومن هنا جاء البحث لتوضيح آثار أسباب النزول في تفسير القرآن الكريم.

وقد اعتمدت الدراسة المنهج الوصفي التحليلي عن طريق قراءة بعض الإنتاج الفكري المنشور وتحليله ، سواء عبر الكتب العلمية، والمجلات، وشبكة الإنترنت.

وتهدف الدراسة بشكل عام إلى التعرف على بيان أهمية العلم بأسباب النزول، وأثر أسباب النزول في تفسير القرآن الكريم.

ويتناول هذا البحث الحديث عن أسباب النزول، وأثرها في التفسير، من حيث تعريف السبب لغة واصطلاحا، مع بيان أهمية العلم بأسباب النزول، وعناية الصحابة والتابعين بأسباب النزول، ويستعرض البحث أهم الكتب المؤلفة في أسباب النزول، ويذكر البحث أثر أسباب النزول في تفسير القرآن الكريم، ويورد البحث خاتمة يستعرض فيها أهم النتائج والتوصيات، ثم قائمة المصادر والمراجع التي اعتمد عليها البحث.

وقد استقصيت المادة العلمية لهذه الورقة من المصادر المتنوعة، التي تطرقت لجزئيات هذه الورقة، مع الإحالة إلى جميع ما أوردته من هذه المصادر، وتتضح أصالة هذه الورقة؛ لأنها جمعت عن العديد من المصادر المتنوعة، سواء أكانت كتبًا علمية، أم أوراقًا بحثية ، أو من المواقع الإلكترونية.

نوع الدراسة: نظرية مكتبية.

ومن أهم النتائج التي توصل إليها من خلال هذه الورقة:

1. معرفة أسباب النزول له أهمية بالغة في تفسير القرآن الكريم من حيث فهم المعنى وإزالة المشكل وتوضيح المبهم ومعرفة الحكمة.

2. عناية العلماء قديما وحديثا بأسباب النزول والعناية بها عند تفسير القرآن الكريم.

كلمات مفتاحية : علم أسباب النزول — القرآن الكريم — تفسير القرآن الكريم

القيم الاسلامية ودورها في تعزيز القيم الانسانية لتطوير المجتمع مع أنموذج دور جامعة الملك عبدالعزيز في تعزيز القيم الاخلاقية

د. إندونيسيا خالد حسون

جامعة الملك عبد العزيز

IKHASSOUN@GMAIL.COM

الملخص

إن القيم بأنواعها المختلفة لها أهمية كبرى في الحضارة الإنسانية، ولا يختلف الناس على دورها المؤثِّر في الحياة البشرية ، فهي ترتبط بالإرادة، وتعمل على تغيير السلوك السيئ، وتحويله إلى جيد، فالقيم تُعدُّ وسيلةً من وسائل نهوض المجتمع، وهدف الإسلام هو المجتمع الصالح الذي يرتبط أفراده وأسره بقيم الإسلام العليا، ومبادئه المثلى، ويجعلها رسالة حياته، ومحور وجوده، ويهدف البحث إلى بيان مفهوم القيم، ومشتقات القيم، ودلالتها في القرآن الكريم، و بيان أن منظومة القيم الإسلامية تنبثق من منظومة عقائدية وتشريعية تقوم على مبدأ التوحيد والعبودية لله -عزَّ وجلَّ -، وتُكون فقه الواقع للإنسان، وتتنوع إلى قيم فردية، وقيم أسرية، وقيم مجتمعية، وقيم الدولة، لتشمل جميع ميادين الحياة .

ومنهج البحث هو المنهج الاستقرائي الاستنتاجي، وخطة البحث تشمل المقدمة والخاتمة والمباحث التالية :

المبحث الأول : الفصل الأول : مفهوم القيم لغة واصطلاحًا، ومشتقات القيم في القرآن الكريم.

المبحث الثاني : الآيات الكريمة الدالة على القيم .

المبحث الثالث : دلالات القيم في القرآن الكريم .

المبحث الرابع : مميزات القيم الإسلامية

المبحث الخامس : القيم الحضارية الإسلامية بالنسبة للفرد والأسرة والمجتمع والدولة .

نتائج البحث :

1- الإسلام دينٌ شاملٌ إنسانيٌّ عالميٌّ، يلبي رغبات الفطرة الإنسانية.

2- الإسلام هو أفضل تشريع للبشرية؛ لأنه من قِبَل الله - عزَّ وجل - لا من قِبَل البشر، وهو أعلم بما يصلح حالهم.

3- الإسلام منظومة من القيم الروحية والعملية والحضارية المتكاملة المرنة التي تقبل التجديد، والتي تعمل بروح واحدة، لتكون الحياة الحضارية الراقية.

التوصيات :

=تجديد مفهوم الفكر الإسلامي وذلك بإحياء السنة، وإزالة البدع على منظومة القيم المكونة له.

=العمل على دراسة مستجدات العالم لرؤية ما يتوافق مع القيم الإسلامية، أو يخالفها ومن ثم إيجاد المشترك بين الإنسانية دون التأثير في ثوابت الإسلام .

وآخر دعوانا أن الحمد لله رب العالمين .

كلمات مفتاحية : القيم الإسلامية — الفكر الإسلامي — الحضارة الإنسانية

حكم تحديد الجنس في عملية أطفال الأنابيب

حميد الكعبي

جامعة العلوم الإسلامية الماليزية

Kaabi3325550@gmail.com

الملخص

الحمد لله الذي خلق من الماء بشرًا، فجعله نسبًا وصِهرًا، والصلاة والسلام على نبينا محمد خاتم الأنبياء، وأعظمهم أمرًا، وفي هذا المؤتمر اخترت الكتابة عن موضوع (الحكم الشرعيّ في تحديد الجنس في عملية أطفال الأنابيب) متبعاً لمنهج البحث الوصفي الكيفي، وذلك لما له من أمور يجب مراعاتها والأخذ باعتبارها عند اللجوء إلى الحل البديل، لوجود الذرية بين الأزواج، ألا وهو التلقيح الصناعي، سائلاً المولى –سبحانه وتعالى – أن ينفعني به وأن يرزقني الإخلاص والقبول .

لاشك أن من أسباب الاستقرار الاسري هو التعايش والتفاهم في هذه الحياة، وأن من مقاصد النكاح في شرعنا الحنيف حصول المودة والرحمة وإنجاب الذرية والسعي لإصلاحها وتعليمها والرقي بها، قال تعالى: [ومن آياته أن خلق لكم من أنفسكم أزواجًا لتسكنوا إليها وجعل بينكم مودة ورحمة إن في ذلك لآيات لقوم يتفكرون]، فإني أسعى لتوضيح المسألة والعمل على إبراز الشروط والأحكام لمن اضطر لهذه العملية ، والمخاطر التي قد تواجهه فيها .

في هذا البحث سأقوم بالمرور على هذه النازلة مرورا متسلسلاً لحين الوصول إلى محتويات المسألة والحكم الشرعي فيها عن طريق معرفة صور التلقيح الصناعي، والأسباب الداعية لعملية أطفال الانابيب .

وفي نهاية البحث سأقوم بإبراز النتائج والتوصيات الخاصة لمن أراد أن يلجأ إلى هذه العملية، سائلا المولى –عز وجل– أن ينفع بها أمة الإسلام .

كلمات مفتاحية : أطفال الأنابيب – التلقيح الصناعي – تحديد الجنس –

منهج الشيخ عبد الرحمن بن ناصر السعدي في تفسيره

قيس العلوي

جامعة العلوم الإسلامية الماليزية

ad_q9@hotmail.com

الملخص

إشكاليات البحث:

إن القران الكريم كتابٌ بحره عميق، وفهمه دقيق، وخزائنه ملأى، لا يصل إلى استخراج كنوزه واستنباط جواهره إلا من تبحَّر في العلوم، وعامل الله -تعالى- بتقواه في سره وعلانيته، وتفكَّر فيه بدقة، فإنه حينئذ تُفتح له أبوابٌ واسعةٌ في فهم المراد من كلام الله -تعالى- ، قال سبحانه: ﴿وَلَقَدْ يَسَّرْنَا الْقُرْآنَ لِلذِّكْرِ فَهَلْ مِنْ مُدَّكِرٍ١٧﴾ [القمر: 17]، ومن هنا تظهر الحاجة إلى علم التفسير الذي يُعدُّ أجلّ العلوم وأشرفها على الإطلاق، وقد ألف في علم التفسير مجموعةٌ من العلماء الأفذاذ، ومن هؤلاء العلماء الذين اهتموا بهذا العلم: الشيخ عبد الرحمن بن ناصر السعدي -رحمه الله- في تفسير المعروف باسم : "تيسير الكريم الرحمن في تفسير كلام المنَّان"، وقد يشكل على بعض الناس الذين ليس لديهم علمٌ كافٍ، ولا درايةٌ في علم أصول التفسير؛ فيصعب عليهم فهمُ بعض معاني التفسير وإدراكها، ولهذا اخترت أن أبيّن منهج الشيخ -رحمه الله -في تفسيره، لعلاج هذا الإشكال وإزالته؛ لأنه يُعدُّ من التفاسير المختصرة، ولذا ينصح بقراءته للمبتدئين والعامة لسهولة عبارته وإيجازه، للتيسير على عامة الناس.

منهج الدرسة:

إن منهجي في هذا البحث هو المنهج الوصفي؛ لأني سأصف منهج الشيخ السعدي -رحمه الله- في تفسيره.

مختصر الأهداف:

إن من أهداف هذا البحث هو -بيان منهج الشيخ السعدي في تفسيره، وإبراز شخصيته للقرَّاء، وبيان سهولة عباراته، وبيان ما له وما عليه من خلال تفسيره، وتعريف الناس بمكانة هذا التفسير الدعوية بين التفاسير.

تبيان الأصالة في موضوع البحث:

إن أصالة موضوع هذا البحث قد تتبين من حيث أنه من أكمل التفاسير التي اختصرت الأسانيد، وسهولة عبارته وإيجازه، للتيسير على عامة الناس.

النتائج المفترضة:

تعريف الناس بمنهج الشيخ عبد الرحمن السعدي في تفسيره، وسهولة فهم المعلومة وتوصيلها من التفسير لدى الناس.

نوع الدراسة:

إن نوع هذه الدراسة نظريٌّ مكتبيٌّ، وذلك لعدم احتياجنا للتطبيق العملي.

خلاصة النتائج:

إن مما توصلتُ إليه من هذا البحث هو أن وهذا التفسير من التفاسير المختصرة التي اختصرت الأسانيد، ولذا ينصح بقراءته للمبتدئين والعامة لسهولة عبارته وإيجازه، اهتم مؤلفه ببيان معاني القرآن للاهتداء بها والسير على مناهجها، دون أن يشتغل بحلِّ الألفاظ، وفنون النحو والشعر، فجاء الكتاب مختصرًا في مجلد واحد.

كلمات مفتاحية : الشيخ عبد الرحمن السعدي — تفسير السعدي — التفاسير المختصرة

عقوبةُ الحِرمان من الحقوق السياسية في الشريعة والقانون

د. طه أحمد الزيدي

المجمع الفقهي العراقي

tahaazz1969@gmail.com

الملخص

الحمد لله والصلاة والسلام على رسول الله وعلى آله وصحبه ومن والاه: وبعد:

فإنّ تطور البناء الاجتماعي وأنظمته السياسية في الدول المعاصرة، أملى على علماء الشريعة والقانون والباحثين الأكاديميين بذلَ مزيد جهد في مناهج البحث في الدراسات الفقهية؛ لتلائم لغة العصر وبنائه القانوني، ومع توسع المحتوى المعرفي للفقه الإسلامي، يواكبه ظهور القوانين الوضعية في الدول العربية والإسلامية، أصبح للتنظير الفقهي أهميته، في إعطاء نسق نظريّ له مقومات وأطر عامة في معالجة موضوعات يراد تقنينها ضمن دائرة الأحكام التفصيلية ومقاصد الشريعة وأسرار التشريع، كلُّ ذلك دفع إلى ظهور أنماط جديدة في الدراسات الفقهية المعاصرة، تعتمد المقارنة مع المواد الدستورية والقانونية.

ويأتي في مقدمة ذلك معالجة القضايا الجنائية المعاصرة ولاسيما المتعلقة بالحقوق السياسية لقيام الحاجة إليها في تسهيل عملية التأصيل لدى الباحثين المعاصرين في الدراسات الجنائية الشرعية والقانونية، والعاملين في مجال القضاء بشقيه الشرعي والمدني، الذين لم تترسخ ملكتهم الفقهية، ويجدون صعوبة في الرجوع إلى مظان المسائل الفرعية في مدونات الفقه المطولة، لاختلافها الكبير في ترتيبها وتنظيمها واصطلاحاتها عما عهدوه في تدوين القوانين.

وتتجلى أهمية فقه الجنايات أو العقوبات في كونه الحارس الأمين لحفظ الضروريات، وما تتضمنه من تحقيق المصالح الأساسية للإنسان، وحفظ الأمن المجتمعي ومنع الاعتداء عليها، وردع العابثين المفسدين الذين يهددون الحياة الخاصة والعامة، وإشاعة الاستقرار والسكينة في نفوس الأفراد، والأمن والسلام في المجتمعات، وتفعيله ضمانٌ لسلامة الأمة من الفساد والهلاك وإنقاذ للمجتمع من العقوبات القدرية أو تخفيفها؛ لأنه إذا عطلت الجزاءات الشرعية تحوَّلت إلى عقوبات قدرية، وربما كانت أشدّ فهي تعمّ والعقوبات الشرعية تخصّ.

تساؤلات وأهداف:

سيحاول الباحث في هذه الدراسة الإجابة عن عددٍ من التساؤلات التي تثير الاهتمام والمتابعة عند الباحثين في الفقه الإسلامي ولاسيما الجنائي، وتتلخص في تساؤلات محورية، هي:

1. ماذا نقصد بالحقوق السياسية؟

2. ما أسباب عقوبة الحرمان من الحقوق السياسية؟

3. ما مدى مشروعية هذا النوع من العقوبات في الفقه والقانون؟ وما الآثار المترتبة عليها؟

4. كيف تعامل فقهاء الشريعة والباحثون المعاصرون مع مستجدات العقوبات في باب السياسة الشرعية ؟.

منهج الدراسة وخطتها:

إنَّ طبيعة الظاهرة التي ندرسها ونروم الوصول إلى حلول لمعالجتها أو تقليل أثرها، وتحقيق الأهداف المرسومة، استلزم اتباع منهج علمي في البحث يتلاءم مع طبيعة هذه الدراسة فكان المنهج الوصفي؛ باستقراء النصوص الشرعية وتحليلها، بتتبع الآيات القرآنية والأحاديث النبوية ذات العلاقة، وتفسيرها وبيان أوجه الدلالة فيها، واستخلاص المعاني واستنباط الأحكام الشرعية منها، كما اقتضى القيام بمسحٍ لأهم الآراء والأقوال والضوابط التي وردت في المصادر والمراجع الفقهية والقانونية، المتعلقة بالعقوبات السياسية لأجل المقارنة.

خطة البحث

تشتمل هذه الدراسة على مقدمة وتمهيد في مفهوم الحرمان من الحقوق السياسية، ومبحثين وخاتمة.

المبحث الاول: الحرمان من الحقوق السياسية بسبب طلب الولاية وعدم الاهلية السياسية.

المبحث الثاني : العقوبات واثرها في الحرمان من الحقوق السياسية.

وتضمنت الخاتمة أهم النتائج المتوقعة، ومنها :

- تحديد مفهوم الحرمان من الحقوق السياسية: بأنه منع شخص من المشاركة في أعمال تتعلق بالسلطة الحاكمة تشكيلا، أو ممارسة بصورة مباشرة أو غير مباشرة، كالتصويت والترشُّح، وتقلد وظائف سياسية لعارض بصورة كلية أو جزئية.

- مع الحكم بكراهية طلب الإمارة من حيث الأصل، ولكن ينظر إليها من باب المصالح والمفاسد وباعتبار حال من يطلبها، وبناء عليه فإنَّ الحكم الشرعي ضمن هذه المعطيات ينتقل إلى الأحكام التكليفية الخمسة: فإن كان الطالب هو الأصلح لها ولا يصلح لها غيره وجب عليه طلبها، فهو متعين لها، وإن كانوا مجموعة كلهم يصلح لها، جاز لأحدهم أن يطلبها، ولا يتم تجاوزهم بالتعيين، وإن كان هنالك مَن هو أصلح منه فيكره أن يطلبها، وإن كان غير صالح لها، فيحرم عليه طلبها، ويحرم تعيينه لها.

- إنّ طَلَبَ الولاية من كان مؤهلا في نفسه تدينا، ولكنه ضعيف في الأهلية السياسية أو في إدارة أعمال الولاية، فلا يولى، ولا يعد ذلك حرمانا له من حقوقه السياسية، وإنما هو تفريق معتبر، بناء على أن حفظ الحقوق السياسية لأصحابها، لا يعني بالضرورة القدرة على مباشرته لها أو ممارسة بعضها، ولاسيما التنفيذية المباشرة.

وقد عملت بذلك الدساتير المعاصرة، إذ تحرم العسكريين مثلا من ممارسة الحقوق السياسية؛ لأسباب أمنية وسياسية كثيرة، منها: الرغبة في إبعاد الجيش عن السياسة، وضمان صحة الانتخابات وعدم تشويهها بسبب الضغوط التي يخضع لها الجنود من آمريهم، والمحافظة على الضبط العسكري ومنع تمزيق وحدة الجيش

– من الراجح عدم تقليد الفاسق ولاية سياسية، ومتى فسق عزل بفسقه، إلا إذا تسبب بتعطيل المصالح العامة عند عزل الفاسق، فيؤخر، والإقرار بإمضاء أحكامهم يقصد منه رفع الحرج عن الناس، مع اعتبار شرط تقييد هذا الامضاء بما لا يخالف الشرع، أو بموافقة الحق.

– للقضاء ان يعاقب بعقوبات تبعية أو تكميلية بحرمانه من بعض الحقوق السياسية لردعه عن تكرار جريمته، وإلزامه بأعمال ومنعه من أخرى لأجل ذلك، والمنع من الحقوق السياسية أولى لمن لا يضبط تصرفاته وينتهك حدود الله ويرتكب جرائم حدية، ولاسيما أن كانت بصورة جماعية، فلا يأمن أن ينتهك حقوق الآخرين إن أصبحت له ولاية عليهم.

وقد أخذت بذلك الأعراف القانونية والدستورية، إذ يشترط في ممارسة الحقوق السياسية الصلاحية الأدبية، فيحرم من حق الانتخاب كل الاشخاص الذين صدرت ضدهم أحكام مخلة بالشرف أو حسن السمعة.

تميز هذا البحث بريادته وتوسعه في معالجة المستجدات في العقوبات المتعلقة بالحقوق السياسية والمقارنة بين الشريعة والقانون.

كلمات مفتاحية: الفقه الجنائي – العقوبات السياسية– الحقوق السياسية– القانون– الولاية– الجزاء– العقوبات التبعية.

منهج الإمام ابن كثير في تفسيره

سليم الجنيبي

جامعة العلوم الإسلامية الماليزية

Abo0.sa3ed@hotmail.com

الملخص

إن فهم كتاب الله -تعالى- هدفٌ سامٍ يهدف إليه كلُّ إنسان، ويرغب أن ينهل من علومه وهداياته جميع الناس عالمهم وجاهلهم، فيتوجهون إلى كلِّ مَن تعرَّض لبيان وتفسير كتاب الله؛ ليسهل عليهم فهمه، ومن هذه التفاسير العظيمة، تفسير ابن كثير الذي قد لا تخلو مكتبة علم منه، ولكن هنالك إشكالية يقع فيها كثيرٌ من ليس لديه معرفة بأصول التفاسير، وطرق المفسرين في تفاسيرهم، فيعسرُ عليه الفهم، وقد يفهم خلاف ما قصده المفسّر، ولهذا سنعالج هذه الإشكالية في هذا البحث اليسير ببيان شيءٍ من المنهج الذي سار عليه الإمام ابن كثير في تفسيره.

- منهج الدراسة:

سأنهج في هذا البحث اليسير على المنهج الوصفي، حيث سأصف المنهج الذي سار عليه ابن كثير في تفسيره.

- مختصر الأهداف:

يهدف هذا البحث إلى بيان اهتمام علماء الإسلام بإيضاح معاني ودلالات وهدايات القرآن الكريم، وبيان المنهج الذي سار عليه ابن كثير في تفسيره.

- تبيان الأصالة في موضوع البحث:

وتتبين أصالة موضوع هذا البحث في كونه جمع عدة مباحث من الدراسات التي بيّنت منهج الإمام ابن كثير في تفسيره، وكذلك تتبين أصالة البحث في كونه مختصرًا.

- النتائج المفترضة:

معرفة المنهج الذي سار عليه ابن كثير في تفسيره، وإيضاحه للقارئ مما يساعده على فهم كلام الله ومقصد المفسر منه.

- نوع الدراسة: تُعدُّ هذه الدراسة دراسة نظرية مكتبية، كونها لا تحتاج إلى تطبيق عملي.

- خلاصة النتائج:

وعلى كل فإن أهم ما توصلنا إليه من هذا البحث أن تفسير ابن كثير من أهم كتب التفسير وأعظمها، وأقواها منهجاً.

كلمات مفتاحية : ابن كثير – تفسير ابن كثير –

منهـــــج المحدث الفقيه مـــالك في موطئـه

د. ساره العتيبي

Drsaraalotaibi1@gmail.com

الملخص

ركّزت الدراسة على التعريف بالإمام مالك بوصفه محدثَ دار الهجرة وفقيهها، وبكتابه الموطأ، واستخلصت منهجه في كتابه بالمنهج الاستقرائي من خلال متنه ، وأخيرًا توصلت إلى أن الامام يجمع ما بين منهج المحدثين والفقهاء .

المقدمة

المبحث الأول: التعريف بالإمام مالك –رحمه الله– .

المطلب الأول : نشأته.

المطلب الثاني : مكانته العلمية في عصره .

المبحث الثاني : منهج الامام مالك.

المطلب الأول : كراوي للحديث .

المطلب الثاني : كمحدث والفقيه .

المبحث الثالث : أثر الإمام مالك بوصفه محدثًا، وفقيهًا على العلماء من بعده.

الخاتمة

كلمات مفتاحية : الإمام مالك –كتاب الموطأ

فقه القيادة في الإدارة

د. بندر بن طلال جمعة محلاوي

جامعة تبوك

bandartm@gmail.com

الملخص

أسباب اختيار الموضوع وأهميته:

إن لموضوع «**دور القيادة في الإدارة**» أهمية في وجود الدولة، وفي تطلعها إلى مراقي التقدم والقوة والازدهار، تنبثق أهميته لما يكشـف عنه واقع الحياة من أن مكمن الفارق الحقيقي بين دولة متقدمة وأخرى متأخرة هو في الوقوف على أهمية دور القيادة في الإدارة، وهي أهمية تبرز من جوانب كثيرة من أهمها ما يلي:

1- أن دور القيادة في الإدارة أضحى في الحياة المعاصرة من الموضوعات بالغة الخطورة عميقة الأثر، لما يتعلق به من قواعد وقيود وأسس ومبادئ وضمانات، صار من المحتم على أي دولة جادَّة في المسير نحو النهضة والرقي أن تفعلها، حتى لا يلج إلى مواقع القيادة إلا من هو جدير بها.

2- الحاجة الملموسة للمكتبة العربية في أن يسهم البحث العلمي في تغطية موضوع (دور القيادة في الإدارة)، ومن ثم أن يكون هذا البحث لبنة تضاف إلى المكتبة الإسلامية، يمكن أن تحفز الباحثين إلى مزيد من الإضافة في رؤى بحثية أخرى حول هذا الموضوع.

3- وضع مؤلف واحد يجمع شتـات ما تناثر في المكتبة الإسـلامية من رؤى جزئية حول موضـوع (دور القيادة في الإدارة) ويتصدى – منضبطًا بضوابط البحث العلمي وقواعده – لهذا الموضوع الهام، بما يفي في تحديد معالمه وأسس القيادة وسمات القائد وضوابط اختياره.

4- أن شـخص القائد في أي حركة تنموية صـار حجر الزاوية، والعنصـر الأهم فيها كما تؤكد على ذلك التجارب التنموية، وأن اختياره على أسـس وضـوابط سـليمة هو مفتاح أي عملية تنموية، ومن ثم تبرز أهمية ما يوجبه هذا الواقع من توجيه الدراسات والأبحاث تجاهه لاستجلاء هذه الأسس والضوابط التي يجب أن يتم اختيار القائد على أساسها.

5- أن (دور القيادة في الإدارة) يتجاوز مجرد تسـيير العمل الإداري والفني، ويبرز من خلاله أهمية دور القائد في الرقابة حتى يتم تلافي السلبيات والمعوقات التي يمكن أن تطرأ على صيرورة العملية الإدارية، ليتم إزالتها وتصحيح مسار العمل الإداري على نحو من الانضباط الكفيل بتنفيذ مهام الدولة وخططها التنموية وشؤون إدارتها بأكمل صورة ممكنة.

6- أن (دور القيادة في الإدارة) يلزم للبحث؛ لكي يحيط به الإحاطة الدقيقة الكافية الوافية أن يبين أهمية القيادة في البنية الإدارية للدولة، ويستجلي الارتباط الوثيق بين القيادة والإدارة وما بينهما من اتصال وتداخل لا يزول معه ما بينهما من تمايز.

مشكلة البحث:

بتلمس آفاق موضوع (دور القيادة في الإدارة) —كما ألقى عليها بعض الضوء — ما سبق من بيان لأسباب اختياره وأهميته؛ تبرز المشكلة البحثية التي يعمد للتصدي لها هذا البحث وتتحدد في عدة من الموضوعات المتفرعة عن موضوع البحث، وهي: تدقيق مفهوم القيادة والإدارة وبيان أهميتها في عالم اليوم، وتحديد السمات والقدرات الشخصية اللازم توافرها في الشخصية القيادية الإدارية، وبيان دور القائد في نطاق الرقابة، والعلاقة ما بين القيادة والتخطيط والتنظيم اللازمين للعمل الإداري لزوم القيادة نفسها.

منهج البحث:

سلكت في البحث منهجًا اجتهدت في ضبطه على ضوابط المنهج العلمي، واتبعت فيه المنهج المقارن في اعتماده وقيامه على الاستقراء والتحليل والتأصيل، ويستتم أسسه بالموازنة التي تبرز من خلالها الفروق الجوهرية عند النظرة الكلية لكل موضوع من الموضوعات التي يتناولها البحث.

خطة البحث:

بعد تقليب النظر وإعمال قواعد البحث العلمي في جوانب موضوع **(دور القيادة في الإدارة)** من خلال ما تبين لي وبينته من أسباب اختيار الموضوع وأهميته ومشكلته البحثية، والمنهج الذي اعتمدته للبحث؛ تراءى لي أنه لكي يستوفي البحث هذا الموضوع فإن من الأقرب للصواب - فيما أرى - أن يأتي في مقدمة، وتمهيد، وثلاثة مباحث، وخاتمة؛ وذلك على النحو التالي:

المقدمة:

تتناول أسباب اختيار الموضوع وأهميته، ومشكلته، ومنهج البحث وخطته.

التمهيد: مفهوم القيادة في اللغة والاصطلاح

المبحث الأول: أهمية القيادة الإدارية

ويندرج تحت هذا المبحث أربعة مطالب.. على التتابع التالي:

المطلب الأول: أهمية القيادة الإدارية.

المطلب الثاني: أهداف القيادة الإدارية.

المطلب الثالث: السمات الشخصية اللازمة للقيادة الإدارية.

المطلب الرابع: علاقة القيادة بالإدارة.

المبحث الثاني: وظائف القيادة الإدارية

ويشتمل على مطلبين:

المطلب الأول: وظيفة التخطيط والرقابة.

المطلب الثاني: دور القيادة في التوظيف والتوجيه.

المبحث الثالث: المقومات الواجب توافرها فيمن يلي أمر القيادة

ويشتمل على ثلاثة مطالب:

المطلب الأول: الشروط الواجب توافرها فيمن يلي أمر القيادة.

المطلب الثاني: حكم ولاية المفضول مع وجود الفاضل.

المطلب الثالث: عدم تولية من يطلب الولاية.

الخاتمة: وتشتمل على أهم نتائج البحث وتوصياته.

المصادر والمراجع.

فهرس الموضوعات.

كلمات مفتاحية : القيادة الإدارية — التخطيط والرقابة — التوظيف والتوجيه

حكم القاضي بعلمه الشخصي في الشريعة الإسلامية

د. أحمد علي عبود الخفاجي

جامعة الكفيل

ahmed7999993@yahoo.com

الملخص

يحتل موضوع العدالة أهمية كبيرة في عصب الحياة الإنسانية، فمن دون هذه العدالة تسود الفوضى، ويعمُّ الظلم في المجتمع، لذلك نجد أن الشرائع السماوية وغير السماوية تؤسس لتحقيق هذه العدالة بين بني البشر.

وإذا كان من أهم مقومات العدالة هو وجود قضاة يعملون في سبيل تحقيقها، ولما كان القضاة هم ركيزة العدل وعماده، فإنَّ الاهتمام قد انصب عليهم من أجل إيجاد أساس متين يمارس من خلاله القاضي دوره ومهمته على أحسن وجه.

وطالما أن القاضي عرضة للتدخلات المختلفة من حكومة أو أفراد غيرهما فإن محاولة التأثير فيه، أو المساس بكرامته، أو الكيد فيه أمر وارد دونما أي شك، بل إنَّ تضليل القضاة عبر أيِّ منفذ أمر وارد أيضا.

ومهما يكن من أمر فإنَّ بلوغ العدالة لا يمكن أن يكون بشكل غير مألوف، وهو ما يجب القول فيه: إن حقوق الإنسان وكرامته لا يمكن أن تصان إلا بمحاكمة عادلة وفق شرع الله -تعالى- أعدل العادلين، وأحكم الحاكمين ووفق العدالة البشرية التي تعني المثل العليا للمجتمعات البشرية.

يتناول البحث موضوع حكم القاضي بعلمه الشخصي، وهو من المواضيع التي حصل الخلاف فيها بين مذاهب الفقهاء المسلمين وفقهاء القانون الوضعي، على الرغم من أن القوانين الصادرة عن السلطة التشريعية تنص على منع القاضي من القضاء بمقتضى علمه الشخصي، إلاّ أن الاختلاف بينهم انصب حول إمكان اعتبار علم القاضي من طرق الإثبات، أو عدم اعتباره مما أثار ميلاً لدى بعض فقهاء القانون في التسليم إلى ذلك بالمنع، ولكن رغم ذلك فإنه لا يخفى أن الكثير من المسائل والنزاعات والتي قد يتعذر إثباتها بطرق الإثبات الأخرى يلعب علم القاضي فيها دورًا كبيرًا في الإثبات، لذلك اتجه بعضهم من الفقه الإسلامي والقانون الوضعي إلى التسليم بصحة الإثبات الحاصل عن طريق العلم الشخصي للقاضي في أحوال معينة، بينما عارض بعضهم الآخر ذلك.

لقد اهتمت الشريعة الإسلامية بقواعد الإثبات وعني القرآن الكريم بالإثبات عناية فائقة تتجلى في كثرة ما ورد في صدد بعض طرق الإثبات من آيات، ففي الشهادة مثلا وردت آياتٌ عديدة تتناول موضوع الشهادة مثلاً قوله تعالى:

(**وَاسْتَشْهِدُواْ شَهِيدَيْنِ من رِّجَالِكُمْ**) (البقرة: 282)، وكذلك بيان الأسس الأخلاقية في الشهادة، وآيات أخرى بصدد إثبات العقود الكتابية وآيات يشتق منها شرعية العمل، بالقرائن يضاف إلى ذلك الأحاديث والآثار النبوية الشريفة والروايات العهدية الخاصة بالإثبات وطرقه، وقد قرَّر علماء الإسلام أنه لا يقبل قول الإنسان فيما يدعيه بمجرد دعواه، بل إنه يحتاج إلى دليل وتصريف المدعى عليه، فالحكمة ظاهرة من الحديث، كما روي عن الرسول(ص) قوله: (إنما أنا بشر وإنكم تختصمون إليّ، ولعل بعضكم يكون ألحن بحجته من بعض فأقضي له على نحو ما أسمع، فمن قطعت له من حق أخيه شيئا فإنما أقطع له قطعة من نار).

وتقوم فلسفة الإثبات في الشريعة الإسلامية على الأسس ذاتها التي قامت عليها هذه الشريعة ككل، من توافر مصلحة المكلفين في التيسير في إثبات الحقوق وتجريد الدعوى، ووسائل الإثبات مما كان يشوبها في الشرائع التي سبقت وامتازت إجراءات الإثبات والتقاضي في الإسلام منذ بادئ أمرها، بكونها على جانب كبير من البساطة واليسر وكانت خالية من الصيغ والشكليات، وذلك لتحقيق العدل الذي أمرت به الكثير من الآيات القرآنية مثل قوله تعالى: (**إِنَّ اللَّهَ يَأْمُرُكُمْ أَنْ تُؤَدُّوا الْأَمَانَاتِ إِلَى أَهْلِهَا وَإِذَا حَكَمْتُمْ بَيْنَ النَّاسِ أَنْ تَحْكُمُوا بِالْعَدْلِ**)(النساء: 58).

وتكمن أهمية هذا الموضوع من خلال البيان الدقيق لعلم القاضي الشخصي، بوصفه دليل إثبات في الكثير من المسائل المختلفة، وبيان مدى الاعتماد والاعتداد بالعلم الحاصل للقاضي بصفة شخصية، سواء من جانب الشريعة الإسلامية، أم من جانب القانون الوضعي، ثم بيان تقدير قيمة ما ذهب إليه فقهاء الشريعة الإسلامية، وما ذهب إليه فقهاء القانون الوضعي في ذلك، فالكثير يتصور أن القاضي يطبق النص بصورة حرفية وجمود تام، وليس له شيء من المرونة والحركة، بل إن وجوده وجودٌ تطبيقيٌ بحت، من هنا كان لابد من بيان تلك الحرية في النظر في النزاعات المختلفة، والدور الشخصي الكبير الذي يقوم به القاضي، وأهمية هذا الدور.

كلمات مفتاحية : القاضي – الحكم الشخصي – العدالة – النزاعات

دور علم مقاصد الشريعة الإسلامية في تنمية ملكة استخلاص الأحكام عند المجتهد

أ/ هاجر خالد محمد صالح

جامعة الملك خالد

hagerkhalid59@gmail.com

الملخص

الحمد لله رب العالمين، والصلاة والسلام على خاتم الأنبياء والمرسلين وعلى آله وصحبه ومن تبعهم بإحسان إلى يوم الدين.

لا يخفى على مختصٍ في العلم الشرعي أهمية علم المقاصد في تحقيق مصالح الشريعة الإسلامية ورفع الحرج عن المكلفين بما يتوافق والتغيرات التي تشهدها المجتمعات بتعدد الأحوال وتغير الأزمنة.

ومقاصد الشريعة الإسلامية هي الحكم والغايات التي يرمي إليها الشارع في جميع أحوال التشريع أو عند كل حكم من أحكامها، وهي مهمة للمجتهد لان استنباط الأحكام وتطبيقها لا يتمكن منه إلا من كانت له معرفة تامة بها

والإلمام بهذه المقاصد شرط اشترطه كثيرٌ من الأصوليين لبلوغ درجة الاجتهاد.

من هنا جاء هذا البحث، ليظهر دور علم مقاصد الشريعة الإسلامية في تنمية ملكة استخلاص الأحكام عند المجتهد ضمن محور : دراسات في الفقه ، الفقه وأصوله

وقد قمت بتقسيم هذا البحث إلى المباحث التالية :

تعريف بمصطلحات البحث

مبحث تمهيدي

المبحث الأول: الملكات المطلوب توافرها في المجتهد .

المبحث الثاني: الملكات التي تضيفها معرفة علم مقاصد الشريعة .

المبحث الثالث: المهارة التي يضيفها علم المقاصد للمجتهد .

خاتمة تناولت فيها أهم النتائج والتوصيات، وذيَّلت البحث بفهارس .

كلمات مفتاحية : مقاصد الشريعة الإسلامية – المجتهد – الفقه وأصوله

الأضرار والمفاسد المترتبة على وطء الحائض والنفساء والوطء في الدبر (اللواط) دراسة شرعية طبية تؤكد الإعجاز العلمي للقرآن الكريم

د . صفية محمد بانقا أحمد د . ثناء محمد علي الحلبي - د. مشاعر بشير علي أحمد

جامعة الملك خالد - كلية العلوم والآداب - بظهران الجنوب

smbanga@kku.edu.sa

الملخص

يتناول هذا البحث المفاسد والاضرار التي تصيب المسلم عند معاشرة زوجته وهي حائض أو نفساء، وهي أضرارٌ اجتماعية واقتصادية وصحية منها: نفور كلٍّ من الزوجين من المعاشرة الزوجية، فالزوجة تنفر لضعفها ومرضها، والزوج ينفر من روائح الدم الكريهة، وفي هذا تفكك الأسر، كما يؤدي إلى الإصابة بمضاعفات والتهابات الجهاز التناسلي للزوجين، وإذا وحدث حمل ،خرج الجنين مشوها، كما يؤدي إلى الإصابة بمرض الجذام .

اما اللواط فأضراره متعددة: أولها ضياع الأسر، وفساد الزوجات لسدِّ النقص، والتعويض لغياب الزوج النافر عن زوجته، واستبدالها بمعاشرة رجل، كما يسود القتل من الممارس للفاحشة لمن يمارس معه الرذيلة خوفا من الفضيحة، وقد يقتل من يمارس هذه الفاحشة من جانب أهله خوفا من العار، كما تنتشر العديد من الأمراض ،كالإيدز ،زيد على ذلك الإصابة البالغة للشرج بالتمزق، وبالتالي عدم التحكم في خروج الفضلات .

وقد أثبتت دراسات حديثة أن هؤلاء الشواذ جنسيا قد انتشرت بينهم بكتريا جديده تسمى (باكتيريا أكلة لحوم البشر)، هذه البكتريا تصيب الجهاز التنفسي، وتتلف أنسجته،كما تؤدي إلى تسمم الدم، وهي بكتريا مقاومه للمضادات الحيوية .

وفي كل هذا دلالة على الإعجاز القرآني والنبوي في قوله تعالى (فاعتزلوا النساء في المحيض)، وفي العقوبة التي أنزلها على قوم لوط ،حيث دمَّر قراهم ، وجعل عاليها سافلها، وأمطر عليهم حجارة من سجيل.

أهمية البحث :-

1/ تكمن أهمية البحث في معرفة المفاسد والأضرار التي تصيب الرجل والمرأة عند المعاشرة وقت الحيض والنفاس وعند ممارسة اللواط .

2/ ان النسل الذي يأتي أثناء الحيض يكون ضعيفا ومشوها وقد يؤدي ذلك إلى الإصابة بالعقم .

3/ ان الإسلام يحارب كلَّ العلاقات الشاذة والخلل في الفطرة ويبني العلاقات الأسرية علي الطهر والعفاف والفضيلة .

4/ معرفة كيفية العلاج لهذه الحالات وكذلك المحافظة على الأسرة لبقاء النسل الإنساني .

5/ معرفة الاعجاز العلمي للقران الكريم الذي نهي عن ذلك قبل أن يتحدث عنه الطب الحديث .

أهداف البحث :-

1- يهدف هذا البحث إلى معرفة المفاسد والأضرار التي تصيب الأزواج عند المعاشرة المحرمة وأضرار اللواط .

2- معرفة مقاصد الشريعة الإسلامية، وانها تسعى إلى المحافظة علي النسل الإنساني ، وإيجاد مجتمع مثالي .

3- معرفة الطريقة الصحيحة للمعاشرة الزوجية لأنشاء جيل محافظ على الطاهرة والعفة .

4- معرفة صلاحية الدين الإسلامي، و إنه دين عالميٌّ صالحٌ لكل زمان و مكان؛ لأنه تحدث عن هذه الأمراض قبل الطب الحديث .

منهج البحث :-

هو المنهج التحليلي والوصفي في شرح الآيات القرآنية، والأحاديث النبوية وربطها بالواقع .

حدود البحث :-

ينحصر الحديث في هذا البحث في المفاسد والأضرار التي تصيب المسلم إذا مارس العلاقات الجنسية المحرمة .

فروض البحث :-

يفترض هذا البحث أن في ممارسة العلاقات الجنسية المحرمة أضرارًا ومفاسدَ تصيب المسلم .

التوصيات :-

1- التوعية الدينية المكثفة في كل وسائل الإعلام، وكل وسائل التواصل الاجتماعي عن أضرار هذه الممارسات الشاذة.

2- حث الشباب المسلم على الزواج المبكر، ومعالجة كل ما يؤدي إلى عزوف الشباب عن الزواج .

3- مراقبة الأبناء وخاصة في طور المراهقة، وحثهم على تلاوة القران، والصلاة في المساجد، ومجالسة العلماء والاستماع إلى الدروس الفقهية.

4 – محاربة وسائل الاعلام التي تبثُّ الأفلام الخليعة، وتدعو إلى الممارسات الشاذة .

كلمات مفتاحية : الوطء – الحائض والنفساء – اللواط –

أثر القرآن الكريم في وضع منهج نقد الروايات عند المحدّثين

د. آمنة حامد موسى   عصام عبد الله الضو

جامعة الملك خالد ـ جامعة إفريقيا العالمية

aamn.19000@gmail.com

المخلص

صـاغ المحدثون قواعد نقدية دقيقة ضـمن منهج واسـع عرف بمصـطلح الحديث، وبذلك سـبقوا الآخرين في التنظير والتقعيد لكيفية التفاعل مع الروايات بفحصـها وتطبيق قواعدهم عليها لغرض الحكم عليها قبولاً أو ردًّا، وقد تأثر منهج المحدثين في نقد الروايات بالقرآن الكريم تأثراً واضـحًا، ولاريب في ذلك، فقد حفلت آيات الذكر الحكيم بتوجيهاتٍ أصبحت الركن الأساسي لأصول النقل ولقانون العلم النقلي الصحيح للروايات، فقد جاء في القرآن الكريم قوله تعالى: {يَا أَيُّهَا الَّذِينَ آمَنُوا إِنْ جَاءَكُمْ فَاسِقٌ بِنَبَإٍ فَتَبَيَّنُوا} [سـورة الحجرات: 6] ، ففي هذه الآية الكريمة، مبدأ التثبت في أخذ الأخبار، وكيفية ضـبطها، بالانتباه لها، ووعيها، والتدقيق في نقلها للآخرين. ، وتتبين أهمية البحث في أنه يساعد على كشف الجهود التي بذلها المحدثون في الاستفادة من القرآن الكريم في وضع منهج قبول الرواية وردها ، كما يهدف البحث إلى الوقوف على جهود المحدثين في حفظ الحديث النبوي ونشره، والتعرّف على منهجيتهم في نقد الروايات، وبيان أثر القرآن الكريم في وضع هذه المنهجية، ويستفيد البحث في هذا الصدد من المنهج التاريخي، والمنهج الوصـفي في قيام البحث بغية الوصـول إلى النتائج المرجوة منه، واقتضـت طبيعة الموضـوع أن يقوم هيكل البحث على مقدمة، ومبحثين وخاتمة ،حيث تشـتمل المقدمة على أهمية البحث ومشـكلته وأهدافه وفروضـه ومنهجه وهيكله ويتناول المبحث الأول: التعريف بمنهج المحدثين في نقد الروايات والقواعد التي يقوم عليها، ويتم تخصيص المبحث الثاني

في بيان كيفية تأثر منهج المحدثين في نقد الروايات بالقرآن الكريم والشـــواهد على ذلك ، ويختم البحث بخاتمة تتناول نتائج البحث وتوصياته .

كلمات مفتاحية : مصطلح الحديث — المحدثين — نقد الروايات

الشُّبهة في منظور الفقهاء وأثرها في العمل بمبدأ الاحتياط: دراسة وصفية تحليلية

Suspicion among Jurists' Perspective and its Impact on the Principle of Precaution: An Analytical Descriptive Study

Alsharif Hashim Abdullah Hashim[1] **Dr. Mushaddad Hasbullah[2]**

جامعة العلوم الإسلامية الماليزية

d.hashim222@gmail.com

الملخص

تناقش هذه الورقة وصفية الشبهة في منظور الفقهاء. تكمن المشكلة في اختلاف العلماء في معنى الشبهة وحكمها، لكونها مَنْزِلة بَيْن الحلال والحرام. فقد يفتي عالمٌ في مسألة ما بالتحريم، أو بالجواز والرُّخص، فلا يتّقِي الشُّبُهات، عندئذٍ يوشك أن يقع في الحرام، مالم تؤخذ الشبهة بالاعتبار. يهدف البحث إلى التعرّف على الشبهة ومناقشة حكم الشبهة في منظور الفقهاء. باستخدام المنهج الوصفي التحليلي والمنهج الاستقرائي، أشارت نتائج البحث إلى أن استقراء كلام العلماء في الشبهة جاء على أربعة أقوال، هي: الحرمة، والندب، والحلال، والوقف. أما التوقف في بعض المسائل فهو ليس محمودًا على إطلاقه، ولا يظن أنَّ توقف العالم من قبيل الجهل؛ بل من قبيل العلم.

كلمات مفتاحية: الشبهة، مبدأ الاحتياط، حكم الشبهة.

---

[1] Ph.D. Candidate Shariah and Judiciary at the Faculty of Shariah and Law (FSU), (USIM).
[2] Senior lecturer at the Faculty of Shariah and Law (FSU), (USIM).

Abstract

This descriptive paper discusses the suspicion in the perspective of jurists. The problem lies in the difference of scholars in the sense of suspicion and ruling, because it is a status between halal and haram. If a scholar considered a matter as haraam, or permissible, with no suspicion fear, then he is about to be subject to haraam things. The research aims to identify the suspicion and discuss the rule of suspicion in the jurists' perspective. Through the analytical descriptive approach and the inductive method, the findings indicate that the extrapolating of the scholars' words in relation to the suspicion is based on four statements: the sanctity, the scarring, the halal, and the waqf. To stop in some matters is not welcome. It does not means that stopping is like ignorance; it is like knowing .

Key words: suspicion, principle of precaution, rule of suspicion

المؤسسات الإصلاحية وبرامج دار الإصلاح في سلطنة عمان: دراسة وصفية تحليلية

REFORM INSTITUTIONS AND DAR AL-ISLAH PROGRAMS IN THE SULTANATE OF OMAN: ANALYTICAL DESCRIPTIVE STUDY

Abdul Hakim Abdullah Salem Al – Ghailani[3]
alfares475@hotmail.com

Dr. Abidah Binti Abdul Ghafar[4]
abidah@usim.edu.my

Dr. Mahmoud Mohamed Ali Mahmud Edris[5]
mahmoud.mohamed@usim.edu.my

الملخص

تناقش هذه الدراسة الوصفية المؤسسات الإصلاحية، وما يصاحب عملها من صعوبات، والأسلوب الأمثل الذي يتلاءم مع حالة الحدث. وهي جزءٌ من دراسة موسعة يقوم بها الباحث. تكمن المشكلة في وجود الأحداث الجانحين في دار الإصلاح بسلطنة عمان، وهم بمثابة لبنة رطبة قابلة للتشكيل يمكن تعديل سلوكياتهم، وتبقى المهمة في كيفية العمل على إكسابهم بعض العادات والسلوكيات الجيدة والمرغوبة، وتزويدهم بها وفق الطرق والأساليب الصحيحة لإكسابهم هذه السلوكيات وممارستها. تهدف الدراسة إلى عرض دور الإصلاح، ومناقشة برامج إعادة تأهيل الجانحين، لتعديل أيِّ سلوك غير مرغوب فيه، وإكسابهم السلوك المرغوب. اعتمدت الدراسة المنهج الوصفي التحليلي، وتم مناقشة الموضوع في مبحثين؛ الأول: المؤسسات الإصلاحية في سلطنة عمان. فيما ركّز المبحث الثاني في برامج دار الإصلاح. دللت النتائج أن الحدث الجانح هو إنسانٌ مريضٌ وليس مجرمًا، وأنه يحتاج إلى العلاج وإعادة تأهيله، وينبغي أن ينظر له، ويعامل وفق هذه النظرة.

كلمات مفتاحية: المؤسسات الاصلاحية، دار الإصلاح، برامج الإصلاح

---

[3] Ph.D. Candidate Shariah and Judiciary at the Faculty of Shariah and Law (FSU), (USIM) Malaysia.
[4] Senior lecturer at the Faculty of Shariah and Law (FSU), (USIM) Malaysia.
[5] Senior lecturer at the Faculty of Shariah and Law (FSU), (USIM) Malaysia.

Abstract

This descriptive study discusses correctional institutions, the difficulties associated with them, and the best suited method to the situation of the juvenile. It is part of an extensive study by the researcher. The problem lies in the presence of juvenile delinquents in Dar al-Islah in the Sultanate of Oman. They are a moist, configurable brick whose behavior can be modified, and the task remains in how to work on providing them with some good and desirable habits and behaviors and providing them with the right methods and methods to acquire and practice these behaviors. The study aims at presenting the role of reform. And to discuss rehabilitation programs for delinquents, to modify any undesirable behavior and give them desired behavior. The study adopted the analytical descriptive method, and the subject was discussed in two subjects: First, reform institutions in the Sultanate of Oman. While the second topic focused on programs of the House of Reform. The results showed that the juvenile delinquent is a sick person and not a criminal, that he needs treatment and rehabilitation, and should be considered and treated according to this view.

Keywords: reform institutions, reform house, reform programs

مكونات برنامج تعديل سلوك الأحداث الجانحين في دور الإصلاح بسلطنة عُمان

COMPONENTS OF THE PROGRAM TO MODIFY THE BEHAVIOR OF JUVENILE HOUSES IN THE SULTANATE OF OMAN DELINQUENTS IN THE REFORM

Sanad bin Saif bin Mohammed al-Sunaidi[6]
alfares475@hotmail.com

Prof. Madya Dr. Azman Ab. Rahman[7]
azman@usim.edu.my

Prof. Madya Dr. Lukman Bin Abdul Mutalib[8]
lukman@usim.edu.my

الملخص

هدفت هذه الدراسة إلى بناء برنامج إرشاد جمعي مقترح لتعديل السلوك لدى الأحداث الجانحين في دور الإصلاح بسلطنة عمان. وهي جزء من دراسة موسعة يقوم بها الباحث. تكمن المشكلة في أنّ تطبيق مهمات الاصلاح غالبًا ما يكتنفها صعوبات ناجمة عن كيفية تعامل المختصين مع الحدث، أو في عدم اتباع الأسلوب الأمثل الذي يتلاءم مع حالة كل حدث. إضافة إلى أنَّ التنشئة الاجتماعية ربما تعمل على غرس اتجاهات مضادة للتقويم، حينما تعمل على غرس اتجاهات مضادة للإصلاح والتقويم في نفسية الأحداث. اعتمد الباحث المنهج الوصفي التحليلي، وتم بناء البرنامج الإرشادي المقترح بالاستناد إلى الأدب النظري والدراسات المتعلقة ببناء برامج إرشادية لتعديل السلوك. أسفرت النتائج عن تكوين برنامج إرشادي مقترح يتكون من (11) جلسة إرشادية، مدة الجلسة (80) دقيقة، تطبق بواقع جلستين أسبوعيًّا، لبناء العلاقة الإرشادية بين الأحداث والمرشد، وبين الأحداث أنفسهم، وتحديد القواعد والواجبات والحقوق فيما بينهم، وتعمل من أجل تعديل السلوكيات غير السوية لدى الأحداث، وتأهيلهم بوصفهم مواطنين صالحين في المجتمع.

الكلمات المفتاحية: إرشاد جمعي، تعديل السلوك، الأحداث الجانحون.

---

[6] Ph.D. Candidate Shariah and Judiciary at the Faculty of Shariah and Law (FSU), (USIM) Malaysia.
[7] Prof. Madya Dr. at the Faculty of Shariah and Law (FSU), (USIM) Malaysia.
[8] Prof. Madya Dr. at the Faculty of Shariah and Law (FSU), (USIM) Malaysia.

Abstract

The aim of this study is to build a proposed collective guidance program to modify the behavior of juvenile delinquents at the Reform House in the Sultanate of Oman. It is part of an extensive study by the researcher. The problem is that the implementation of reform tasks is often fraught with difficulties arising through how specialists deal with the juvenile, or by failing to follow the best approach appropriate to the situation of each juvenile. In addition, socialization may instill counter-evaluation trends when it incites anti-reform and evaluation trends in juvenile psychology. The researcher adopted the analytical descriptive method. The proposed guidance program was based on theoretical literature and studies related to the construction of behavioral guidance programs. The findings revealed the formation of a proposed guiding program consisting of (11) guiding sessions, the duration of the session (80) minutes, applied two sessions a week, to build the guiding relationship between the events and the guide, and the events themselves, and define the rules and duties and rights among them, And to qualify them as good citizens in society.

Keywords: community counseling, behavior modification, juvenile delinquents.

وظيفة المرفق العام بأنواعه وأساليب إدارته: دراسة وصفية تحليلية

Public Installation Functions, Types Methods of Administration: An Analytical Descriptive Study

Dr. Mohd Mahyeddin Bin Mohd Salleh **Assad Rashid AlReyami**

جامعة العلوم الإسلامية الماليزية

asad@hji.edu.om

الملخص

المرفق العام وسيلة من وسائل الوظيفة الإدارية في الدولة، ذو قيمة علمية وعملية ونظرية وفنية حيوية وفعالة في علم القانون الإداري، وعلم الإدارة. فبواسطة نظامه القانوني؛ تستطيع السلطة الإدارية المختصة أن تنجز وتحقق وظائف إشباع الحاجات العامة للمجتمع. ويقتضي وجود مرفق عام، إقامة تنسيق وتنظيم بين مختلف مكوناته البشرية والمادية، بالشكل الذي يسمح له بأداء دوره في تلبية الحاجات العامة. ويخضع المرفق العام لنظام قانوني مخصوص واستثنائي، ليلائم إنشاءه وتنظيمه، وتسييره والرقابة عليه وإلغاءه. ويتفق الفقهاء على أن هناك مبادئ أساسية تحكم مختلف المرافق العمومية، سواء أكانت وطنية أم إقليمية. وقد قام "لويس رولان" بتنظيم ثلاثة مبادئ أساسية لعملها. ومن خلال المنهج الوصفي التحليلي، تمت مناقشة الموضوع في أربعة مطالب؛ كرَّس الأول لمفهوم المرفق العام حسب المعيارين العضوي والموضوعي. وجاء الثاني لكيفية تلبية الحاجات العامة وارتباطه بالإدارة. وتعرض الثالث لأنواع المرافق العامة. وأخيرًا المرافق العامة الوطنية والإقليمية. دللت النتائج على أنَّ المرافق العامة تأرجحت في الفقه بين السلطتين التشريعية والتنفيذية، وإنَّ تسيير هذه المرافق يحتاج إلى أساليب وطرق منها: أسلوب الإدارة المباشرة، أسلوب الامتياز، وعن طريق المؤسسة العامة، وأن للإدارة الحق في أن تتدخل أيضا في هذه العقود لتعديلها حسبما يوافق الظروف المستجدة، وذلك من أجل تحقيق المصلحة العامة.

كلمات مفتاحية: المرفق العام، الحاجات العامة، أنواع المرافق، مبادئ العمل.

منهج الإمام ابن عطية في تفسيره: (المحرر الوجيز في تفسير الكتاب العزيز).

محمد الملا

جامعة العلوم الإسلامية الماليزية

mohamad.almulla505@gmail.com

الملخص

– إشكالية الدراسة: لقد تصدَّر لتفسير القرآن العظيم أئمةٌ أجلاء، منهم الإمام أبو محمد بن أبي بكر غالب بن عطية الأندلسي –رحمه الله– ، والذي يُعدُّ من أفضل تفاسير القرآن الكريم صياغة وترتيبًا وجمالاً، وكذلك فقد أخذ هذا العلم من أكابر العلماء، وأخذ عنه مَن بعده؛ فاستفاد منه ونقل، فهذا التفسير عظيم جليل، ومن أراد الاستفادة من هذا التفسير يجدر به أن يعرف منهجه في تفسيره، فهذا يسهّل الطريق بلا شك ، وعلى خلاف ذلك فإن من الإشكالية أن يقرأ القارئ تفسيرًا بحجم تفسير ابن عطية ولا يعرف منهجه، فلا شك أنه سيواجه إشكالياتٍ متعددة، فمما قد يقع فيه مَن لا يعرف منهجه أن يظن أنه يرجح أمرًا ، وهو في الواقع يعرض قولاً أو ما شابه، ففي هذا الملخص يعرض الباحث منهجه وبيانه حتى لا يقع بعضهم في هذه الإشكاليات أو يخففها.

– منهج الدراسة: لقد سار الباحث على المنهج الوصفي التحليلي في ملخصه؛ حيث يقوم بوصف منهج الإمام ابن عطية الأندلسي –رحمه الله– في تفسيره.

– مختصر الأهداف: تتلخص أهداف هذا الملخص في بيان منهج الإمام ابن عطية الأندلسي –رحمه الله– في تفسيره من عدة وجوه.

– تبيان الأصالة في موضوع البحث: لقد جُمعت مباحث هذا الملخص من قراءة تفسير ابن عطية المحاربي وتحليله، واستخلاص ما سار عليه في تفسيره ر–حمه الله–.

– النتائج المفترضة: من النتائج التي يأمل الباحث الوصول إليها هي: أن يستفيد القارئ من قراءته لهذا التفسير الشيق،

حيث أنه سيفهم كلام الله بفهمه لهذا التفسير بإذن الله تعالى.

– نوع الدراسة : ستكون هذه الدراسة دراسة نظرية مكتبية.

– خلاصة النتائج : الذي توصل إليه الباحث هو أن الإمام ابن عطية الاندلسي سار في تفسيره على منهج ثابت ومفيد لطلاب العلم والباحثين وغيرهم، والمأمول من ذلك هو فهم كتاب رب العالمين وتدبره والعمل به.

كلمات مفتاحية: ابن عطية – المحرر الوجيز في تفسير الكتاب العزيز– التفسير

منهج الإمام الطبري –رحمه الله– في تفسيره (جامع البيان في تفسير آي القرآن)

إبراهيم مبارك علي المشجري

جامعة العلوم الإسلامية الماليزية

almashjari989@gmail.com

الملخص

- **إشكالية الدراسة:** لقد تصدَّر لتفسير القرآن العظيم أئمةٌ أجلاء، منهم الإمام محمد بن جرير الطبري –رحمه الله– ، الذي يُعدُّ من أفضل تفاسير القرآن الكريم إن لم يكن أفضلها، وكثير ممن فسَّر كتاب الله من بعده استفاد منه ونقل، فهذا التفسير عظيمٌ جليلٌ، ومن أراد الاستفادة من هذا التفسير يجدر به أن يعرف منهجه في تفسيره، فهذا يسهّل الطريق بلا شك ، وعلى خلاف ذلك فإن من الإشكالية أن يقرأ القارئ تفسيرًا بحجم تفسير الطبري، ولا يعرف منهجه، فلا شك أنه سيواجه إشكالياتٍ متعددة، فمما قد يقع فيه من لا يعرف منهجه أن يظن أنه يرجح أمرًا وهو في الواقع يعرض قولاً أو ما شابه، ففي هذا الملخص يعرض الباحث منهجه وبيانه حتى لا يقع البعض في هذه الإشكاليات أو يخففها.

- **منهج الدراسة:** لقد سار الباحث على المنهج الوصفي في ملخصه؛ حيث يقوم بوصف منهج الإمام الطبري –رحمه الله– في تفسيره.

- **مختصر الأهداف:** تتلخص أهداف هذا الملخص إلى بيان منهج الإمام الطبري –رحمه الله– في تفسيره من عدة وجوه.

- **تبيان الأصالة في موضوع البحث:** لقد جُمعت مباحث هذا الملخص من قراءة وتحليل تفسير الطبري واستخلاص ما سار عليه في تفسيره –رحمه الله–.

- **النتائج المفترضة:** من النتائج التي يأمل الباحث الوصول إليها هي أن يستفيد القارئ من قراءته لهذا التفسير؛ حيث إنه سيفهم كلام الله بفهمه لهذا التفسير بإذن الله تعالى.

- **نوع الدراسة:** ستكون هذه الدراسة دراسة نظرية مكتبية.

- **خلاصة النتائج:** الذي توصل إليه الباحث هو أن الإمام الطبري سار في تفسيره على منهج ثابت ومفيد لطلاب العلم والباحثين وغيرهم، والمأمول من ذلك هو فهم كتاب رب العالمين وتدبره والعمل به.

كلمات مفتاحية : الإمام الطبري — جامع البيان في تفسير آي القرآن – التفسير

مكانة صحيح البخاري بين كتب السنة

عبد الحميد علي حسن جاكري

جامعة العلوم الإسلامية الماليزية

sss44.sss44@gmail.com

ملخص

إن الله -تعالى- هيَّأ لحفظ سنة نبيه -صلى الله عليه وسلم- علماء أجلاء تكفلوا بنقلها جيلا بعد جيل، خدموها خدمة جليلة لا يعرف لها مثيل على مر العصور، فمن العلماء مَن رحل في سبيل جمع السنة النبوية، ومنهم من قام باستخراج دررها وفوائدها، ومن أجل كتب السنة وأصحها: كتاب صحيح البخاري، الذي اشترط على نفسه ألا يدخل فيه إلا ما صح من أحاديث النبي -صلى الله عليه وسلم-، وذلك ضمن قواعد علمية حديثية رصينة مما جعل العلماء يتلقون صحيحه بالقبول على مرِّ العصور.

وقد اعتمدت الدراسة المنهج الوصفي التحليلي عن طريق قراءة وتحليل بعض الإنتاج الفكري المنشور، سواء من خلال الكتب العلمية، والمجلات، وشبكة الإنترنت.

وتهدف الدراسة بشكل عام إلى التعرف على بيان مكانة صحيح الإمام البخاري بين كتب السنة، وبيان عناية العلماء بصحيح البخاري.

ويتناول هذا البحث الحديث عن بيان مكانة صحيح الإمام البخاري بين كتب السنة، من حيث ذكر نبذة عن الإمام البخاري، وذكر منهجه في صحيحه، وذكر عناية العلماء بصحيح البخاري، والتطرق إلى مكانة صحيح البخاري بين كتب السنة، ويورد البحث خاتمة يستعرض فيها أهم النتائج والتوصيات، ثم قائمة المصادر والمراجع التي اعتمد عليها البحث..

وقد جمعت هذه المادة العلمية من مصادر عديدة ، مع قيامي بإحالة كل ما أوردته من هذه المصادر، وتتضح أصالة هذه الورقة لأنها تتحدث عن صحيح البخاري والذي يعد أصح كتاب بعد كتاب الله عز وجل.

نوع الدراسة: نظرية مكتبية.

ومن أهم النتائج التي توصل إليها من خلال هذه الورقة:

- عناية العلماء بصحيح البخاري من خلال شرحه واستخراج فوائده.
- الحاجة إلى إبراز منهج الإمام البخاري زيادة على ما قام به الباحثون، لما يحتويه من فوائد لم يتطرقوا إليها.

كلمات مفتاحية : صحيح البخاري –كتب السنة – الإمام البخاري

أسس التنغيم ومبادئه في القرآن الكريم نماذج مختارة

بسام مصباح أغبر

جامعة العلوم الإسلامية الماليزية

bassamaghbar@gmail.com

الملخص

يتناول هذا البحث، دراسة ظاهرة صوتية، موجودة في اللغات البشرية، وتميزت فيها اللغة العربية، وحرص القرآن الكريم عليها، وهي أن يتمثل القارئ الآيات التي يتلوها، بنبرات صوته، فيُظهر مواضع الاستفهام، أو التعجب، أو التقرير، أو غير ذلك من الأساليب الخبرية والإنشائية، ولذلك فإنَّ علم التجويد، لا يهتم، فقط، بالحفاظ على إخراج الأصوات من مخارجها، وإنما يتعدى ذلك، إلى طريقة إخراج الجُمل، التي تكوِّن الآيات، فيجب على قارئ القرآن، الاهتمام بتحسين صوته، عند تلاوته لآياته، ليُحقق المعنى القرآني المراد، وينقسم التنغيم إلى ثلاثة مستويات، هي: تنغيم عالٍ، ومتوسط، ومنخفض، وقد اتبع البحث المنهج الوصفي التحليلي، ومن أبرز النتائج التي توصل إليها: لا يمكن فصل قراءة القرآن الكريم، عن فونيم التنغيم؛ لأن ذلك الفونيم، ينقل لنا الآيات نابضة بالحياة، كما يساعد على إبراز معانيها.

الشكر في القرآن

أ.نجمة احمد عوالى

الأستاذ المشارك الدكتور/ يوسف محمد عبده محمد العواضي

جامعة المدينة العالمية

najmaahmed1@hotmail.com

الملخص

ان المتدبر في آيات الله (ﷻ) يدرك أن نعم الله عليه عديدة لا يحصيها العد ولا يحيط بها الحصر ولا يستطيع الإنسان مهما أوتي من علم أن يحيط بنعم الله الا إحاطة منقوص بمنقوصٍ وصدق الله القائل: ﴿**وَإِن تَعُدُّوا نِعْمَةَ اللَّهِ لَا تُحْصُوهَا ۗ إِنَّ اللَّهَ لَغَفُورٌ رَّحِيمٌ**﴾، والذي ينبغي على المؤمن الإعتراف بنعم الله عليه وأن يقوم بالشكر كما ينبغي وأن يستعين بالنعمة على طاعة المنعِم فإن فعل هذا كان فعله سببا في زيادة النعم ورضوان الله عليه والأصل ان لا يعصي الله في نعمه. وقد بينت في هذا البحث بحول الله عن معنى الشكر وبيان حقيقته ، ووروده في القرآن الكريم ، وعدد آيات التي ورد لفظ الشكر فيها ،ثم بعد ذلك تحدثت عن معنى اسم الله الشكور ثم اتبعت عن الأمر بالشكر في القرآن الكريم وتطرقت أيضا عن أنواع الشكر والقواعد التي يرتكز عليها، وختمت بثمرات الشكر وفوائده، وقد توصلت الدراسة الى ان الشكور اسم من اسماء الله تعالى وان لفظ الشكر ورد خمس وسبعون موضعاً في القرآن الكريم وأن للشكر حقيقة وانواعاً وقواعد يقوم عليها، وقسمه العلماء المسلمين الى شكر القلب ، وشكر اللسان، وشكر الجوارح ، والله امرنا به ويرضاه لنا ولا يرضى لعباده الكفر وانه يجلب المزيد دائما. وأسأل الله المولى ﷻ أن يجعل هذا العمل المتواضع خالصا لوجه الكريم وأن ينفعني به والمسلمين بوجه عام وأن يغفر لي خطأي وتقصيري يوم الدين وصلى الله وسلم وبارك على سيدنا ونبينا محمد وعلى آله وصحبه وسلم.

Abstract

If you Bear in mind, Allah has granted us countless blessings which are enumeration and cannot be surrounded. every time Allah gives us a blessing, we must use it in a way that benefits humanity and that pleases Allah.

"If you would count up the favours of Allah, never would you be able to number them: for Allah is Oft-Forgiving, Most Merciful." [Al-Nahl, 18] As this verse suggests, let alone counting up the favours of Allah, it not conceivable to categorize them. Since there is no limit to the favours of Allah, a believer should unceasingly keep himself occupied with the remembrance of Allah and express his gratefulness to Him.

This study has shown that the term (*shukr* _ gratefulness) raised seventy-five places in the Holy Quran. Also, *Ash-Shakur* is one of the names of Allah and it means: The Grateful, The Appreciative, The One who gives a lot of reward for a little obedience. The research has proved as well that thankfulness has a fact, a kinds, and it based on it. However, the classical Muslim scholars have indicated *Shukr* can be divided in three categories:
- *Shukr* of the heart (*Qalb*), which is achieved by harbouring and intending good for all of Allah's creation.
- *Shukr* of the tongue *(Lisan)*, which involves celebrating the praises of Allah, such as utterance of Alhamdulillah, and expressing gratefulness to Allah with our tongue.
- *Shukr* of the limbs (*Jawarih*), which is fulfilled by using our external senses to do good. As Quran clears ,

"If you disbelieve - indeed, Allah is Free from need of you. And He does not approve for His servant's disbelief. And if you are grateful, He approves it for you; and no bearer of burdens will bear the burden of another. Then to your Lord is your return, and He will inform you about what you used to do. Indeed, He is Knowing of that within the breasts". [Az-zumar,7]
I ask God Almighty to make this humble work purely for the sake of Him, and to benefit my Muslim brothers and sisters in general, and all Praise be to God, who possesses all things and who gives without measure. and to forgive my fault, my shortcomings and our peace be upon our Prophet Muhammad and his household and companions.

المؤتمرُ الدَّوليُّ الرابعُ للاتجاهات الحديثة في العُلوم الإنسانية والاجتماعية واللغوية والأدبية

6-7 أبريل 2019

ماليزيا

الواقعُ اللغويُّ للإعلانِ التجاريِّ في مدينةِ مكة المكرمة

(المُعَلَّقات الإعلانية) أنموذجًا

إعداد الدكتورة / أميرة زبير سمبس

أستاذ فقه اللغة المشارك بكلية اللغة العربية وآدابها – جامعة أم القرى

azsambas@hotmail.com

ملخص

يُمثِّلُ الإعلانُ التجاريُّ ظاهرةً اقتصاديةً، واجتماعيةً، ونفسيةً، وفنية، ولغويةً لافتةً للنظر.

ويُسهم الإعلانُ التجاريُّ إسهامًا واضحًا في التأثيرِ في المنظومةِ الثقافيةِ والأخلاقيةِ للأمة؛ لما فيه من إيحاءاتٍ، وما في لغتهِ من أفكارٍ وقيمٍ ومبادئ، ومن هنا تبرزُ أهميةُ هذا البحث (الواقعُ اللغويُّ للإعلانِ التجاريّ)، فلقد أضحت لغةُ الإعلانِ همزةَ وَصلٍ بين الإعلامِ واللغة، ونشأ عنها أحدُ الفروعِ التطبيقيةِ لعلمِ اللغةِ الحديث، وهو علمُ الإعلامِ اللغويّ.

لقد حَظِي الإعلانُ التجاريُّ في وسائلِ الإعلام بكثير من الدراساتِ والبحوثِ العلميةِ التي قام بها متخصصون في الاقتصاد والإدارة والتجارة والتسويق والإعلام، كما أنَّ هناك بعض الدراسات التي عُنيت بدراسة لغةِ الإعلانِ التجاريِّ المرئيِّ والمسموعِ في التلفزيون السعودي، أو لغةِ الإعلانِ التجاريِّ المكتوب في الصحفِ في مدينة الرياض، لكني لم أجد -على حدِّ علمي- دراسة للغةِ الإعلانِ التجاريِّ في مدينةِ مكة المكرمة.

يهدف البحثُ إلى دراسةٍ تطبيقيةٍ ميدانيةٍ للغةِ الملصقات، أو المعلَّقاتِ التجاريةِ تضطلع بالمهام الآتية:

- الكشفُ عن نظامِها الصوتيِّ، والبنيويِّ، والتركيبيِّ، والدلاليّ.

- مستوياتُ الاستخدامِ اللغويِّ فيها.

أما عينة الدراسة فقد راعيت فيها أمورًا ثلاثة:

- المصدر: المعلقات التجارية في مدينة مكة المكرمة .

- التاريخ: عام 1440هـ

- المضمون: عينةٌ عشوائيةٌ عامَّة شملت معظمَ أنحاءِ مدينةِ مكة المكرمة.

وأما المنهجُ الذي اعتمدته في هذا البحث فهو المنهجُ الوصفيُّ الوظيفيُّ في تحليلِ الخطابِ الإعلانيّ.

اقتضى منهجُ البحثِ وموضوعهُ تقسيمَهُ إلى تمهيدٍ، وثلاثةِ مباحث، ثم خاتمةٍ اشتملت على نتائجِ البحثِ وتوصياتِهِ.

خطة البحث:

=التمهيدُ ويشملُ أمرين:

- مفهومُ الإعلانِ التجاريّ.

- أنواعُ الإعلانِ التجاريّ.

المبحث الأول: مستوياتُ التحليلِ اللغويّ للإعلانِ التجاريّ، ويتناول ما يأتي:

1- المستوى الصوتيّ.

2- المستوى البنيويّ (الصرفيّ).

3- المستوى التركيبيّ (النحويّ).

4- المستوى الدلالي.

المبحث الثالث: مستويات الاستخدام اللغوي للإعلان التجاري، ويشتمل على:

- الفصحى العالية (فصحى التراث). - الفصحى المخففة. - العامية.

النتائج:

- تُعدُّ دراسةُ لغةِ الإعلانِ من أهمِّ جوانبِ الدراسةِ في الإعلان؛ لقدرتها على نقلِ النصوصِ الخطابيةِ والمضامينِ إلى المتلقي.

- حفلت لغةُ الإعلانِ التجاريِّ بالكثير من الظواهر اللغوية على مستوى الأصوات، والصرف، والنحو، والدلالة عبر المستويات الثلاثة في هذا الإعلان.

- لا يمثل المستوى اللغوي لتلك الإعلاناتِ الوضعَ اللغويَّ للهجةِ مدينةِ مكةَ فحسب، بل يُصوِّرُ الواقعَ اللغويَّ القائمَ في المملكةِ العربيةِ السعودية.

التوصيات:

1- أن ترتقي لغةُ الإعلانِ بلغةِ المتعاملين معه إلى مستوًى جيدٍ من الفصاحةِ والبيان، مما ينعكسُ أثرُهُ إيجابيًّا في الهُوِيَّةِ اللغويةِ للمجتمعِ العربيِّ.

2- ضرورةُ إيجادِ سياسةٍ إعلاميةٍ تخدمُ اللغةَ العربيةَ السليمة، وتحرِّي الصحةِ اللغويةِ في كلِّ ما يُنشر.

3- أضحى تعاونُ اللغويين مع مُصمِّمي الإعلاناتِ التجاريةِ مطلبًا ضروريًّا ومُلِحًّا لنجاح الرسالة الإعلانية، فلابد من مشاركةِ اللغويين في صناعةِ الإعلانِ لفظيًّا، فهم أقدرُ الناسِ على تقديمِها بصورةٍ جَذَّابة، ومُؤثِّرة وِفقَ أصولِ العربية وقواعدِها.

كلمات مفتاحية : لغة الإعلان التجاري – المعلَّقات الإعلانية – مستويات التحليل اللغوي – مستويات الاستخدام اللغوي.

الممارسة النفسية عن بُعد، شكل معاصر من العلاقة النفسية

د.نورالدين زعتر [1] بن عروس محمد لمين [2] دحمان نوال [3]

جامعة زيان عاشور بالجلفة , الجزائر [1] جامعة الجلفة ، الجزائر [2و3]

zaatar33@gmail.com

الملخص

مواكبةً للتطور العلمي و التكنولوجي ودخول الإنترنت إلى مجالات الحياة كافة وبسرعات تدفق عالية ووصول مستعملي الإنترنت في الجزائر إلى11 مليون فرد، وهذا الانتشار والتطور الحاصل جعلها أفضل وسيلة للوصول إلى جمهور واسع في وقت قصير، و في أي زمن، و بشكل مستمر و شبه دائم و بأقل تكلفة.

كلُّ هذه الخصائص دفعت الدول المتقدمة إلى الاستفادة من الإنترنت، وتوظيفها لخدمة الفرد والمجتمع في العديد من المجالات، منها المجالات النفسية والتربوية. حيث يمكن تصنيف أشكال الممارسة النفسية عن بُعد المعتمدة إلى ثلاثة أشكال:

1- الاتصال المباشر: ويكون فيه الاتصال بين الممارس النفسي والعميل عن بعد مرئيا وسمعيا معًا، ولها وسائلها

2- الاتصال شبه المباشر: ويكون الاتصال عن بعد بين الممارس النفسي والعميل، يكون فوريًّا في شكل صوت، أو كتابة.

3- الاتصال غير المباشر: يكون الاتصال غير فوري عن طريق كتابات إلكترونية.

حيث إن لكلٍّ طريقة اتصال نقاط إيجابية ومزايا،كما لها بعض السلبيات، و مراحل تطبيق خاصة، وشروط استخدام. وسيعرض الباحثان في المقال تحليل تجارب رائدة حول فعالية هذه الخدمة النفسية، ليقدما في الأخير توصياتٍ لتطوير هذه الخدمة عن طريق إرساء ثقافة نفسية خاصة بها، وأسس قانونية وإلكترونية، وتعزيز لإيجابيات استخدامها وكيفية تلافي سلبياتها.

الكلمات المفتاحية: الممارسة النفسية ، تكنولوجيا الإعلام والاتصال ، المقابلة النفسية

Abstract

In addition to the scientific and technological development, internet access to all areas of life, high flow speeds and the arrival of Internet users in Algeria to 11 million people, this spread and development has made it the best way to reach a wide audience in a short time and at any time, continuously, Cost.

All these characteristics prompted the developed countries to benefit from the Internet and employ them to serve the individual and society in many areas, including psychological and educational fields

The forms of remote psychological practice can be classified into three forms:

1 – Direct contact: In which the communication between the psychologist and the client remotely, both deaf and audio, and have their means

2 – Communication is almost direct: The distance communication between the psychologist and the client, be immediate in the form of voice or writing

3. Indirect contact: communication is not immediate through electronic writing

As each method of communication points positive and advantages as it has some negatives, as well as the stages of application and special conditions of use

In this article, the researchers will present pilot experiments on the effectiveness of this psychological service. The latter will make recommendations for the development of this service by establishing a psychological culture of its own, legal and electronic

119

foundations, and promoting the advantages of its use and how to avoid its disadvantages.

key words: Psychological practice, information and communication technology, psychological interview

التناسب المعنويّ في سياق فرائد ألفاظ القران الكريم سورة يوسف (أنموذجا) دراسة تحليلية

م.د.زهراء خالد العبيدي د.جاسم محمد حسين النطاح زومانا سنكار

جامعة الموصل

zahr99@yahoo.com

ملخص

من إعجاز القران الكريم استواء ألفاظه، وحسن قصصه ؛ إذ تفرَّد لفظه ببيان قراني معجز ندر مثله في نظوم أخرى، وتفردها في مواطن آيها من السور، فصاحة للفظ في منظوم عربيته عارضة.

ومن باب التحدي والإعجاز الكبير تراءت لنا شذراتٌ من عقد لؤلؤي في ألفاظه وجمله القرآنية، وهذه الشَّذرات واسطةُ العقد فيها ما يدعى بالفرائد، فلا نظير لها ولا شبيه مقابل، إذ تميزت بتفردها وندرتها، بحيث لم ترد مثلها في آي القران وسوره غيرها، وقد تميزت بمعنى لاتشي بها دلالاتٌ أخرى لو تم تغييرها بألفاظ أخرى توضع مكانها؛ لأنها وردت بفصاحة للفظ في منظومها اللغوي المنفرد بامتيازه المعنوي المعجز.

وتتفرد سورة يوسف – موضوع الدراسة –كونها عرضت أجمل وأحسن القصص القرآني بسياقٍ سرديٍّ متميز منفرد، ومنتظم بمتنٍ ومبنى حكائي محكم ، وكذلك تفردها بألفاظٍ لم تتكرر إلا مرة واحدة في القرآن الكريم ، وهي (ثلاث عشرة) لفظة توافقت مع مقاصد الآي والسورة تناسبا دلاليا لم ينبئ عنها اللفظ متفردا عن سياقه. فاقتضى البحث في أهدافه التنبيه على قوة اللفظ في موضعه، وندرة فصاحته في النظم الصوتي واللغوي والتركيبي والدلالي والسياقي ،وهو معقل الآية منقطع القرين.

وهذا يدرس من باب النهج اللغوي التحليلي والتطبيقي، حيث سيتم تتبع فرائد اللفظ في سورة يوسف تتبعا معجميا لغويا في السياق اللغوي التحليلي القراني تفسيرا وتحليلا ودراسة واستنتاجًا، بما نحاكي هذا الاعجاز القرآني المتين المبهر. والبحث في نتائجه سيكشف عن هذه الفرائد اللفظية في سورة يوسف ، وهو من دلائل الفصاحة وندرة الاعجاز في تخير اللفظ من منظوم فريد هو النظم القرآني.

كلمات مفتاحية : التناسب المعنويّ — السياق اللغوي — إعجاز القران الكريم - سورة يوسف

الاكتساب اللغويّ من منظور اللسانيات البيولوجية

حيزية كروش –جامعة حسيبة بن بوعلي في الجزائر .

سامية شهبي قمورة –جامعة ستراسبورغ في فرنسا

hiziaramy06@gmail.com

ملخص

التكامل الوظيفي القائم بين اللغات في خضم الأسيقة الاستعمالية، ينتج عنه تناسل اعتباطي، يولد كائنات لغوية هجينة، تكسر الأسس الوراثية للنسل اللغوي الأم، حيث تتولد جملةٌ من الأفراد اللفظية التي خضعت لمورثات أجنبية، جعلت منها أوعية حاملة لصفات وراثية أكسبتها ميزات جديدة، فلا هي بالمنتمية إلى الأصل، ولا هي ملزمة بالفرع المنتج لها.

تقوم اللسانيات البيولوجية بالنظر في هذه القضية الشائكة، على اعتبار أن اللغة كائنٌ حيٌّ خاضعٌ لنفس المتغيرات البيولوجية التي يخضع لها الإنسان وغيره من الكائنات الحية، إذ إن اللغة تنشأ وفي طياتها جملةٌ من الجينات المورثة للصفات الفونولوجية والفونيتيكية، فمثلا لو تم حدوث تلاقح بين حمار وفرس فإن الناتج هو الكائن الهجين المسمى بالبغل.

إذا من هذا المنطلق يمكن القول: إن التلاقح الحادث بين معجمين مختلفين كتلاقح العربية بالفرنسية أو الانجليزية، أو لربما تلاقح يتعدى الثنائية إلى التعددية الثلاثية أو الرباعية ينتج عنه نسلٌ لغوي هجين، محافظٌ على شيء من البنى القاعدية للغة الأم، وحاملٌ لشيءٍ جديد، وصفاتٍ مستحدثة للغة الثانية التي تم الالتحام بها.

لابد أن الإشارة إلى مثل هذا الموضوع بمثل هذه النظرة العلمية البيولوجية التي وضعت اللغة تحت مشرط التشريح قد استجلبت اهتمام العلماء، فقد رأى الكثيرون أن معظم المقارنات اللغوية والصفات الموروثة، كان النظر فيها يتفق مع الأنماط الجينية التي لاحظها اللغويون. ولكنها تُعدُّ قليلة على استخدام البيانات الوراثية لدعم الفرضيات المحددة التي أثيرت من قبل اللغويين فيما يتعلق بالعلاقات بين العائلات اللغوية.

جملة الفرضيات التي طرحها العلماءُ لم تكن مستندة على أسس متينة، وهذا ما عسَّر مهمة التأسيس للنظرية اللسانية البيولوجية؛ لأنهم لم يتمكنوا من تشييد الصرح التطبيقي للعلاقات القائمة بين الأجناس اللغوية المنتمية لعائلات مختلفة، وبذلك تواردت الدراسات المتتالية للغة مبنية على نظريات بيولسانية محددة، حيث حاولوا جاهدين أن يثبتوا أن اللغة لها نفس الميزات الوراثية – حتى وإن لم تكن نفسها ولكنها تقاربها إلى حد بعيد من حيث الأداء الوظيفي– مع الصفات الوراثية للكائنات الحية.

كلمات مفتاحية : الاكتساب اللغويّ – اللسانيات البيولوجية – بيو لسانية

هندسة وإعادة هندسة العقل الفردي والجمعي للأستاذ والطالب الجامعي

البروفيسور الدكتور هاشم حسين ناصر المحنك

مدير دار أنباء للطباعة والنشر / سابقًا جامعة الكوفة

hashimalmuhannak@yahoo.com

الملخص

منطلق الإنسان والتكوين الإنساني، يبدأ به من محتوى وطبيعة بناء العقل والشخصية ، وما يأخذ من انطباعاته السلوكية ، وما تسهم به القوانين السلوكية والنضج الفكري ومراحله المتعددة من دورة حياة الإنسان إلى دورة الحياة الشاملة الإبداعية وما يُحقق تعدد الأشكال ، ومنها النظريات التربوية – التعليمية ، ومستوى عقلانيتها بمفهومه الإبداعي – الفلسفي ، ومستوى جودة المنتج العقلي ..

وبهذا يأتي دور هندسة العقل الفردي والجمعي والمجتمعي ، ومرحلة احتياجاته لإعادة هندسة العقل والعقلانية المتزامنة مع التغييرات ضمن البُنى الإستراتيجية ، وما تتعلق بماديات ولا ماديات الحياة ، كما هو عليه مراحل التطور من مرحلة التنوير والتكنولوجيا ، حتى الوصل إلى ما بعد الاتصالات وشبكة الاتصالات ، وضيق العالم بما رَحُبَ ، وحتى الوصول إلى مرحلة اللا عودة عن العولمة ، وما يتطلبه من معالجات فلسفية – عقلية ، بنظرة دينامية متواصلة ..

وهنا يظهر في عالمنا الجديد العقل – الفلسفة ، بالتوازي مع المعلومات – الاتصالات غير المسيطر عليها ، وسرعة التغير والتغيير والاتساع في فضاء المعلومات ، بل الاتساع المهول و غير المسيطر عليه في الفضاءات المعلوماتية – الإبداعية ، بل أصبح ما قبل العقل غير مسيطر عليه، وأصبح اللا معقول معقولاً بكل صفاته وخصائصه وأهدافه ، وتطلّب صياغة الواقع على أساس المعقول واللا معقول ..

وعندها برز واقعٌ جديد ، ظهر من مؤشراته ؛ أن جعل لرؤوس الأموال غير المنظور لها حضورها الفاعل والاستراتيجي المستمر ، والانطلاق من دائرة العقل إلى فضاءات العقل العولمي اللا محدود ، وركيزته الحتمية الإبداعية ، عند السيطرة على سلبيات

فلسفة العولمة وجعلها مرحلة علاج وانطلاق ومنتج إبداعي واستثماري لمختلف المواهب ، وتحقيق فلسفة العلوم المعولمة على وفق ما تقتضيه الأخلاقية ؛ بعدالتها وفلسفتها وعمقها الإنساني ، ليصبح من بين المؤشرات المستجدة ، أن تكون رؤوس الأموال المعرفية ، هي الحراك القائم على القفزات العولمية ، المادية وغير المادية ، والنفسية والسلوكية ..

وبها تظهر مستوى الجودة ، وما يترتب عليها من فجوات رقمية وغير رقمية ، بين الشمال والجنوب من العالم ..

وتظهر القوة الإبداعية بمستوياتها المنتجة وبالأداء العالي والجودة العالية الصديقة للعقول، والمسيطرة على المخاطر والتهديدات والتحديات المقابلة للفرص بكل ما تعنيه من استباق ظهور الحاجات، ومما يعني إبداع عقلي وقيمي، قبل ما تفرزه التهديدات والمخاطر والتحديات من سلبيات غير مسيطر عليها، ويعني استباق المشكلة والأزمة لحماية الإنسان والإنسانية ..

وكل هذا له ارتباطاته وما يتطلبه من فهم النظام ، والنظام الهندسي ، ومرحلة الحاجات الحتمية في إعادة النظام الهندسي الذي يجمع بين العقل الفردي والجمعي والمجتمعي ، لصياغة البناء التكاملي الإبداعي لدى الأستاذ والطالب الجامعي ، وما يتطلبه من المبادرة ، وهو ما كان مدار البحث ومحاوره المتعددة ، وما تمخّض عنه من استنتاجات وتوصيات ومقترحات ..

متمنيا من الخالق -عزَّ وجل- التوفيق في تغطية مثل هكذا موضوع دقيق بمداراته ونتائجه ..

كلمات مفتاحية : هندسة العقل – العقل الفردي والجمعي والمجتمعي – النظام الهندسي – العولمة – الأستاذ والطالب الجامعي

دورُ التعليم في تحقيق التنمية البشرية المستدامة للمخرجات المستقبلية دراسة وصفية تحليلية

م.د. حسين حسين زيدان

وزارة التربية– المديرية العامة لتربية ديالى

Hzma_zadan@yahoo.com

الملخص

يُعدُّ التعليم من أهم المجالات التي تهتم في تنمية الفرد بوصفه متعلمًا في مختلف الجوانب، سواء النفسية والاجتماعية والتعليمية والثقافية، وتوفر العملية التعليمية كافة العناصر الضرورية لتحقيق تلك التنمية من أجل رفع مستوى القدرات والمهارات لديه، وفق الخطط واستراتيجيات منهجية وعلمية تتلاءم وحاجاته المختلفة في ضوء الإمكانيات والموارد المتاحة، لذا نجد أن التعليم يسعى إلى تطوير الانسان في ضوء الموارد الاقتصادية والبشرية والمعرفية والتقنية المتوفرة، وتظهر هنا العلاقة الوثيقة بين التعليم والتنمية المستدامة، إذ تعد التنمية المستدامة ذلك الأسلوب المنهجي، أو الطريقة العلمية التي تحقق حاجات الأفراد على أفضل وجه، من غير المساس بموارد الأجيال القادمة، نلاحظ أن مفهوم التعليم والتنمية تعمل على تحقيق أهداف متقاربة ومشتركة تتمحور جميعها حول خدمة الانسان في الوقت الحاضر والمستقبل. مما تستدعي الحاجة إلى دراسة هذه العلاقة الدينامية المتجددة وفق أسلوب علمي تربوي لتحقيق أفضل مخرجات ممكنة لعملية التعليم وفق تطبيق شامل لمفهوم التنمية الشاملة.

يهدف البحث الحالي إلى الكشف عن مستوى تطبيق مفهوم التنمية المستدامة في قطاع التعليم ، ويهدف إلى تحقيق عناصر التنمية المستدامة في التعليم من خلال المخرجات البشرية، ويهدف أيضا إلى وضع معالجات تطبيقية تُسهم في تحقيق التنمية البشرية المستدامة في مخرجات العملية التربوية المستقبلية، ولتحقيق أهداف البحث الحالي، يعمل الباحث على بناء أداة للتعرف على مستويات تطبيق التنمية المستدامة في قطاع لتعليم ، ويحدد الباحث أفراد العينة من العاملين في قطاع التعليم من خبراء التعليم في التربية والتعليم العالي، وإداريين، وتدريسيين، ومعلمين، وطلبة، وأولياء أمور الطلبة، وسوف يعرض الباحث أدوات البحث على المختصين في مجال البحث الحالي، وسوف يطبق الباحث الأداة على أفراد العينة، ويحلل إجاباتهم تحليلا احصائيًا وفق الأساليب الإحصائية المناسبة عن طريق استخدام الحقيبة الاحصائية (SPSS)، وسوف يستعرض الباحث النتائج التي يتوصل إليها البحث الحالي في جداول ورسوم بيانية، ويفسر تلك النتائج وفق الأهداف الموضوعة والأدبيات المنهجية، ويضع الباحث عددًا من التوصيات التطبيقية وفق النتائج التي ظهرت، وعددًا من المقترحات البحثية والإجرائية، مستخدمًا المصادر والمراجع ذات العلاقة بموضوع البحث الحالي.

كلمات مفتاحية : التنمية البشرية المستدامة – التعليم – التربية والتعليم العالي

الاتجاهات والأساليب الحديثة في الصحافة العالمية

أ. أسعد خليل حمودة

الكلية الجامعية للعلوم التطبيقية – غزة

طالب دكتوراه بجامعة العلوم الإسلامية – ماليزيا

assad_648@hotmail.com

الملخص

يُعدُّ التحرير الصحفي بوصفه خطوة من خطوات إصدار الصحيفة هو العملية اليومية، أو الأسبوعية حسب دورية الصدور، والتي يقوم فيها المحرر بالصياغة الفنية والكتابة الصحفية، أو المعالجة لمضمون إعادة الصحيفة، أو المعلومات التي جمعها من المصادر المختلفة في الأشكال أو القوالب الصحفية المناسبة والمتعارف عليها، كقوالب فنية تحريرية للصحيفة، ثم المراجعة الدقيقة لها وإعادة الصياغة لها.

لذا فالتحرير يتمثل في جمع المعلومات من مصادرها المختلفة، ثم صياغتها بلغة سهلة وبسيطة في القوالب الصحفية المناسبة، تنقل إلى الجمهور عبر الصحيفة بهدف تزويدهم بالأخبار الصحيحة والمعلومات السليمة بهدف تكوين رأي تجاه قضية من القضايا، أو مشكلة من المشاكل.

إن دراسة التحرير الصحفي من المواضيع المهمة لما لهذا الفن من ارتباط وثيق بالحياة البشرية وتصويرها وتقديمها للقارئ عبر الأشكال الصحفية المختلفة، ونظرًا للتطور العلمي، وتطور وسائل النشر والإعلام، فإن ذلك يواكبه ولا شك تطورٌ في الأساليب التحريرية التي تقدمها الوسائل الصحفية لجمهورها.

ومع ذلك فإن الصحافة المقروءة منذ السنوات الأخيرة من نهاية القرن العشرين تواجه تحدياتٍ صعبة من المنافسة مع الوسائل الجماهيرية الأخرى، وخاصة ظهور وانتشار الإنترنت في العالم، كما تواجه الصحافة التقليدية تحدياتٍ من المدارس الحديثة في الصحافة، أثَّرت في مضمون الصحافة التقليدية وشكلها، مما استدعى إعادة هيكلة وبناء وتفكير في النمط التقليدي للصحافة التي تآلف معها القراء على مرِّ العقود السابقة.

ولا شك أن الاتجاهات الحديثة للتحرير الصحفي تهدف بشكلٍ رئيسي لمواجهة ضعف المقروئية، وزيادة عناصر الجذب لجمهور القراء حتى تستطيع أن توصل لهم المعلومة بأفضل صورة ممكنة، حيث لم تعد هناك صحافةٌ واحدةٌ تقليديةٌ تتولى معالجة الأحداث والظواهر وبالمواقف بالشكل التقليدي المعتاد، بل إن هناك اليوم حالة من التنوع في الأساليب التي تسعى إلى تقديم النص بأبهى حلة ممكنة.

أولاً: مشكلة الورقة:

تكمن مشكلة هذه الورقة العلمية في التعرف على أبرز الاتجاهات الجديدة في التحرير الصحفي، من حيث المدارس والأساليب المستخدمة.

ثانياً: أهمية الورقة:

1- كونها تواكب التطور الحاصل في الفنون المستخدمة في الصحافة العالمية.

2- تهم شريحة واسعة من الباحثين والمهتمين في المجال الإعلامي.

3- قلة الأوراق العلمية المتعلقة بالاتجاهات والأساليب الحديثة في التحرير الصحفي.

ثالثاً: أهداف الورقة:

1- التعرف على مفهوم الصحافة الحديثة.

2- التعرف على المدارس الصحفية الحديثة.

3- التعرف على الاتجاهات والأساليب الحديثة في التحرير الصحفي.

رابعاً: تساؤلات الورقة:

1- ما المداخل والتيارات والاتجاهات الجديدة في التغطية؟

2- ما أنواع مدارس الصحافة؟

6- ما أسباب ظهور الصحافة الجديدة ؟

7- ما مظاهر الصحافة الجديدة؟

8- ما اتجاهات المدارس الجديدة؟

9- ما نماذج الأخبار الحديثة؟

10- ما القوالب الصحفية الرئيسية؟

11- ما أساليب التجديد في الصحافة الورقية؟

12- ما أساليب التجديد في التحرير الإلكتروني؟

كلمات مفتاحية : الصحافة الجديدة – المدارس الصحفية الحديثة – القوالب الصحفية – الصحافة الورقية – الصحافة الإلكترونية

الشخصيات في رواية السفينة لجيبرا إبراهيم جيبرا

عنايت راشد صالح صلاحات

AL Najah

er9009@gmail.com

ملخص

بحثي بعنوان" الشخصياتُ في رواية السفينة لجيبرا إبراهيم جيبرا "، تحدثت في هذا البحث عن الشخصيات وأنواعها وأهميتها في الرواية، ثم وظّفتها في تحليل شخصيات رواية السفينة.

وقد اعتمدت في هذا البحث على المنهج الوصفي التحليلي، لعله يستطيع الوصول إلى إعطاء صورة عن شخصيات رواية السفينة.

وجاء هذا البحث في مقدمة وفصلين، وخاتمة أتبعتها بالمراجع. تحدثتُ في الفصل الأول عن مفهوم الشخصية في الأدب والنقد وأقسامها من حيث التطور والتغيير ومن حيث الدور الذي تؤديه، وتحدثتُ عن أبعادِ الشخصية ووظيفتها في الرواية، وأهميتها في سرد الأحداث، هذا الجانب النظري للشخصية.

أما الفصل الثاني فتناولت فيه الجانب التطبيقي في رواية السفينة. حيث عرَّفتُ بالكاتب" جيبرا إبراهيم جبيرا"، ومن ثم عرضتُ تلخيصًا موجزًا للرواية، ومن ثم عرضتُ للشخصيات في الرواية.

ومن أهم الدراسات السابقة التي بحثت في هذا الموضوع:

1- دراسة في آليات السَّرد والتأويل (رواية السفينة) لجيبرا إبراهيم جيبرا نموذجا لمحمد حانين.

2- تقنيات النص السَّردي في أعمال جيبرا إبراهيم جيبرا الروائية للدكتور عدوان نمر عدوان.

كلمات مفتاحية : رواية السفينة - جيبرا إبراهيم جيبرا — آليات السرد والتأويل

أسئلة علم المصطلح في مقدمة ابن خلـــدون مقــاربة مصطلحية دلالـــية

د.عواطف سليماني
كلية الآداب واللغات – جامعة عباس لغرور – خنشلة
الجزائر
slimani-uni@yahoo.com

الملخص

شهدت الدراسات اللسانية المعاصرة تطورًا كبيرا في النصف الثاني من القرن الماضي، و ذلك لإشباع حاجات الإنسان المختلفة، فكان لها نموٌّ مصطلحيٌّ باعتبار أن هذه الأخيرة هي مفتاح العلوم في عملية التواصل و المعرفة، وخاصة إذا تعلق الأمر بالنصوص التراثية ،كمقدمة ابن خلدون التي قوامها المصطلح و دلالته، في إطار ما يمكن ان نطلق عليه المنظور المصطلحي الدلالي ، من خلال نظرية الحقول الدلالية و آليات إنتاج المصطلح، حتى تتكشف لنا علاقة المصطلح اللساني بباقي مصطلحات العلوم الأخرى في المقدمة ، فهل فعلا أسَّس ابن خلدون لمنظومة مصطلحية مرجعية يعود إليها الباحث وقت ما شاء ؟ على أيِّ أساس قدم هذه المنظومة ؟ ما مفهوم المصطلح ؟ وما الأسئلة التي يطرحها هذا المصطلح وينتظر الإجابة عنها.

الكلمات المفتاحية: الدراسات اللسانية – المصطلح - الدلالية – المقدمة – ابن خلدون.

القيادة الذكية إحدى متطلبات الثورة الصناعية الرابعة

د.خميس بن محمد المزروعي

مديرية التربية والتعليم بمحافظة شمال الباطنة

khamis26@hotmail.com

تهدفُ هذه الورقة إلى إبراز دور القيادة الذكية؛ كونها إحدى متطلبات الثورة الصناعية الرابعة، فإذا كنا بحاجة إلى مواكبة ثورة صناعية رابعة تعتمد على مجال الذكاء الاصطناعي، والروبوتات، وإنترنت الأشياء، والمركبات ذاتية القيادة، والطباعة ثلاثية الأبعاد، وتكنولوجيا النانو، والتكنولوجيا الحيوية.. وغيرها. فمما لا شك فيه أن إدخال هذه التغييرات الهائلة على المنظمات سوف يلقي بظلاله على الأنظمة الإدارية والثقافة التنظيمية السائدة، وقد تؤثِّر بشكل مباشر على السلوك الإداري وآليات اتخاذ القرارات والتحفير وغيرها. مما يجعلنا نفكر في أنماط القيادة الحالية وأهمية الأخذ بنمط قيادة يواكب هذه الثورة كنمط القيادة الذكية التي تعرف بأنها "مزيج من القدرات الإبداعية وأنواع متعددة من الذكاء الخاص بقدرة القائد على معالجة المعلومات وإيصالها بالشكل الذي يتكيف مع البيئة الداخلية والخارجية في مواجهة التحديات التي تواجه المنظمة واتخاذ القرارات الذكية ذات التأثير على المدى البعيد"، ومن أهم الجوانب التي سوف تتطرق لها هذه الورقة **أبعاد القيادة الذكية**: (الشعوري والعقلاني والروحي)، **وسمات التغيير في القيادة**: النشاط والتحفيز والحسم والثقافة التنفيذية، **وجوانب التحول من نمط القيادة السائد إلى القيادة الذكية** (الإجراءات، واختيار العاملين، ورضا الموظفين، وبيئة العمل، والمخرجات) وسوف تطرح الورقة مقترحاتٍ تتمثل في آليات تطبيق نمط القيادة الذكية في المؤسسات الحكومية.

كلمات مفتاحية : القيادة الذكية – الثورة الصناعية الرابعة — الذكاء الاصطناعي

The impact of knowledge management on SME'S performance while moderating Critical thinking

Dr. Mohamed Samir Elkhouly

الأكاديمية العربية للعلوم والتكنولوجيا والنقل البحري

Abstract

This study seeks to investigate the impact of knowledge management on the SME'S performance in Egypt. It seeks also to explore the moderating role of critical thinking to enhance the relationship between knowledge management on the SME'S performance. The research will follow a mixed approach of qualitative and quantitative methods. A qualitative approach is used by applying a semi structured interview with SME'S manager. A quantitative approach is used by applying a survey with managers and employees of SME'S in different sectors in Egypt. Data will be tested using correlation, simple and multiple regression analysis.

تكامل التأصيل والتجديد في عمارة االمساجد لتحقيق استدامة بيئة المساجد في المدن العربية

د. اعتزاز عبدالرحمن مصطفي محمداني

كلية التصميم و العمارة ،جامعة جازان ، المملكة العربية السعودية

Eatezazdani@gmail.com

الملخص

يمثل المسجد أحد أهم المنشآت الدينية في المدن الإسلامية و الغني بالقيم الحضارية التي تعبر عن المورث والقيم الثقافية إلا أنه مع ظهور العمارة المعاصرة ظهرت طرزٌ معمارية افتقرت للموروث الثقافي، وأهملت الجوانب البيئية والوظيفية، واهتمت بالجوانب الشكلية والرمزية، وقد شهد العالم في الوقت الحاضر اهتمامًا متزايدًا بقضايا التنمية المستدامة والاهتمام بالبيئة المحلية إلا أن التوجه نحو استدامة المساجد، وترشيد استهلاك الموارد لم يؤخد في الاعتبار في المساجد المعاصرة. تكمن مشكلة الدراسة في الصراع بين التأصيل والتجديد، حيث يحمل التأصيل ملامح المجتمعات وعادتها وتقاليدها بينما يمثل التجديد التقدم والتطور والتكنولوجيا.

تهدف الدراسة إلى تكامل التصاميم المعمارية للمساجد وفق معايير ومنهجيات معاصرة لخلق بيئة مستدامة ومريحة مع الطرز المعمارية القديمة للمساجد، كما تهدف إلى تأكيد الهوية المعمارية والموروث الثقافي للمساجد عن طريق الإدراك البصري والحسي لعناصر المسجد ومكوناته في العمارة المعاصرة .

وقد تم اتباع منهجية دراسة وتحليل المشكلة عبر الإطار النظري بدراسة الفراغات الداخلية والخارجية لتصميم المسجد عبر العصور الزمنية السابقة ، ومن ثم الدراسة التطبيقية بتحليل نماذج لأنماط المساجد المعاصرة في المدن العربية في بيئات مختلفة ، وقد خلصت الدراسة إلى أن استمرارية التأصيل في تصميم المساجد تعتمد على إدراك التسلسل الفكري الثقافي وتفعيله، وتعبر عن الذات القومية العربية، وتتكامل مع التطورات والتكنولوجيا بوضع إطار للاتجاهات المعمارية الحديثة لتحقيق الاستدامة ومواكبة التطورات، وإيجاد بدائل مبتكرة لتجهيزات المساجد تشمل مسارات الصلاة، والوضوء و الحركة، والمجالات البصرية بحيث تكون مريحة لكافة شرائح المجتمع، بما في ذلك المصلين من ذوي الاحتياجات الخاصة.

الكلمات الرئيسية :

طرز المساجد ، المساجد المعاصرة، الاستدامة ، فراغات المسجد ، التكنولوجيا، الموروث الثقافي.

البيتكوين

المركز العربي للاستشارات والبحوث بالدوحة

د. محمد فال سيديا

medvall1966@gmail.com

الملخص

يتناول البحث الثورة الرقمية وما ظهر معها من أشكال جديدة للنقود أطلق عليها اسم "النقود الإلكترونية" أو "الرقمية"، التي تكاثرت وتنوعت ليظهر ما يعرف ب "البيتكوين ". و يلفت البحث انتباه الجميع إلى هذا التطور المذهل الذي يحتم على الأساتذة والباحثين في ميدان الفقه الإسلامي - ومن منظور شرعي أساسه جلب المصالح ودرء المفاسد — النظر في حكم التعامل بهذه النقود، خاصة وأنَّ الأمة الإسلامية تعيش في عالم تبوَّأت فيه النقود دورًا رائدًا في مجال أمن الدول والشعوب.

كما يتناول البحثُ الخلاف الفقهي بين الفقهاء المعاصرين حول مالية العملة الورقية ومن قبلها الفلوس ، ويتساءل ما إذا كان سينشأ لاحقا الخلاف بين العلماء حول حكم التعامل بالبيتكوين بوصفها عملة إلكترونية؟ وهل سيكون الدفع بها مبرئا للذمة؟

يهدف البحثُ إلى الوقوف على حقيقة "البيتكوين" انطلاقا مما توصل إليه الخبراء والباحثون المتخصصون امتثالا لقوله تعالى: {فَاسْأَلُوا أَهْلَ الذِّكْرِ إِن كُنتُمْ لَا تَعْلَمُونَ النحل: 43) وعبر الوقوف على حقيقة "البيتكوين"يبحث عن حكمها الشرعي.

يحتوى البحثُ إضافة إلى المقدمة أربعةَ مباحث ، يتناول المبحثُ الأول:تعريف النقد وتاريخ العملات مرورا بالدراهم والدنانير واستمرار حال النقود في صدر الإسلام إلى أن ظهرت الفلوس بوصفها نقودًا مساعدة، و اختلاف نظرة الفقهاء إليها وما ترتب على ذلك من الخلاف فيها وهل هي مثلية أم متقومة؟ .

كما يتناول في المبحث الثاني ظهور النقود الورقية، ومراحل تطورها وأقوال العلماء المعاصرين فيها، وأقوال المذاهب في حقيقة الورق النقدي، ويختم بنماذج من الفتاوى، والقرارات الصادرة في حكم ما جرى مجرى النقدين : (فتوى الشيخ عليش - حول الكاغد — وقرار المجمع الفقهي الإسلامي المنعقد بمكة المكرمة سنة 1402 هـ حول النقود الورقية).

تناولنا في المبحث الثالث النقود الإلكترونية، و ما تثيره من إشكالات فقهية وقانونية فضلا عن حكم التعامل بها من الناحية الشرعية.

وفي المبحث الرابع- مربط الفرس- تناولنا " البتكوين":نشأتها وطرق الحصول عليها كما قمنا بشرح بعض جوانبها الفنية ، وختمنا ببعض الفتاوى والقرارات الصادرة في شأنها.

وفي خاتمة البحث دوَّنا آراء حول " البيتكوين" مبنية على المعلومات الواردة في البحث، وبعض الأسئلة والإشكالات التي مازالت مطروحة تتطلب البحث والإجابة.

كلمات مفتاحية : البيتكوين – النقود الإلكترونية – النقود الرقمية – النقود الورقية

أثر الأجهزة الذكية في حفظ الأسرار العائلية

عبد العزيز بن حسن بن عبد الله بنياي المرزوقي

جامعة العلوم الإسلامية الماليزية

Abdulaziz.AlMarzooqi@adfca.gov.abudhabi

الملخص

إشكاليات البحث:

إن الثورة العلمية المعاصرة قد تقدَّمت بالإنسانية شوطا واسعا في رفاهية الحياة، و القدرة على التواصل، بل و خدمت أيضا نفسها بأن يسَّرت سُبل العلم و البحث العلمي حتى صار التقدمُ مُطَّرِدًا بعجلة تسارعيه تكعيبية مخيفة، فنجد الاختراعات البديعة و الاكتشافات الجديدة صارت ديدن العالم الإنساني اليوم بشكل يومي متسارع ، فلا تكاد تمضي ساعةٌ أو دقيقة من الوقت إلا و يتم تسجيل براءات الاختراع في كلّ بقاع الدنيا، و من جهة أخرى لا تكاد تمر الأيامُ الا و تظهر أجهزةٌ و أدواتٌ و آلاتٌ في الأسواق لتلبي كلَّ حاجات الإنسان الأساسية و الكمالية، بل و تصنع هي ذاتها حاجاتٍ إضافية للاختراع و الإبداع.

منهج الدراسة: منهج وصفي تحليلي.

مختصر الأهداف: دراسة الآثار المباشرة، وغير المباشرة، والآثار الإيجابية والسلبية للأجهزة الذكية في حفظ الأسرار العائلية.

تباين الأصالة في موضوع البحث: تكمن الأصالة في أن الموضوع يخدم حفظ الأسرة.

النتائج المفترضة: إظهار السلبيات والإيجابيات وما توصلنا إليه في العصر الحاضر.

نوع الدراسة: نظري مكتبي.

خلاصة النتائج: إن الأجهزة الذكية، لها دور كبير في تحطيم الأسر وتفككها.

كلمات مفتاحية : الأجهزة الذكية – الأسرار العائلية .

مدى فاعلية برنامج إرشادي جمعي مُقترح لرفع مستوى مهارات التوافق لدى عينة من المعلمين المتزوجين

ياسر العضل

وزارة التعليم –إدارة تعليم الشرقية–مكتب التعليم بالخبر

abu_3mmaar@yahoo.com

الملخص

هدفت هذه الدراسة إلى التعرف على (مدى فاعلية برنامج إرشادي جمعي مقترح لرفع مستوى مهارات التوافق لدى عينة من المعلمين المتزوجين)، وقد اعتمد الباحث على المنهج شبه التجريبي منهجًا للدراسة، واستخدام مقياس التوافق الزواجي من إعداد فرج وعبد الله (1999)، وتكونت العينة من (30) زوجًا تم تقسيمهم إلى مجموعتين، إحداهما مثلت المجموعة التجريبية (15)، والأخرى مثلت المجموعة الضابطة (15). وذلك عبر اختبار أولي تم على عينة من المعلمين بمدارس غرب الدمام، تراوحت أعمارهم من بين (25-35)، وبعد أن تم اختيار المجموعتين تم تطبيق البرنامج الإرشادي يتكون من (12) جلسة إرشادية على المجموعة التجريبية، وبعدها تم إجراء الاختبار البعدي، ثم التتبعي، وقد توصلت الدراسة إلى النتائج التالية:

- وجود فروق ذات دلالة إحصائية بين رتب متوسطات أفراد المجموعة التجريبية على مقياس التوافق الزواجي قبل تطبيق البرنامج الإرشادي وبعده لصالح الاختبار البعدي، وهذا يدل على أن البرنامج الإرشادي له تأثير إيجابي في مستوى التوافق الزواجي لدى عينة الدراسة.

- عدم وجود فروق ذات دلالة إحصائية بين رتب متوسطات أفراد المجموعة الضابطة في القياسيين القبلي والبعدي.

- وجود فروق ذات دلالة إحصائية بين رتب متوسطات المجموعة التجريبية ومتوسطات المجموعة الضابطة على مقياس التوافق الزواجي بعد تطبيق البرنامج الإرشادي.

- عدم وجود فروق ذات دلالة إحصائية بين رتب متوسطات المجموعة التجريبية على مقياس التوافق الزواجي بعد تطبيق البرنامج الإرشادي وفي المقارنة التتبعية.

وكانت أبرز التوصيات :

1- أوصى الباحث بتطبيق برامج إرشادية للمتزوجين الذين يعانون من تدنٍّ في مستوى التوافق الزواجي.

2 – ضرورة توعية معلمي المدارس الابتدائية والمتوسطة والثانوية بالمنطقة الشرقية بمدى أهمية الحوار والتواصل داخل الأسرة سواء بين الزوجين (الأم والأب) أو بنين الأب والأبناء.

3 – إقامة مشروع تدريبي يتضمن إقامة دورات تدريبية وورش عمل ومحاضرات وندوات حول التوافق الزواجي في مدارس المملكة .

4 – توعية المعلمين وخاصة المتزوجين بأهمية حضور البرنامج الإرشادية التأهيلية للحياة الزوجية.

كلمات مفتاحية : البرامج الإرشادية – التوافق الزواجي – المعلمون المتزوجون –

The Semantic and Communicative equivalence in the Arabic Translation of English Complex clause throughout the nominal Subordinate Clause functions

Dr.Mohammed Ibrahim Hmoud

Mousil university – Iraq

drmihamood@yahoo.com

Abstract

Translation is mainly concerned with rendering the intended meaning of a source text into a target text in the same way that the text is intended by the author of the text". In this respect, the present study deals with the translation of the English complex clause structure from English into Arabic. In addition, it aims to clarify the significance of the complex clause structure during the translation process from the source into the target text. Specifically, the main purpose of this paper is to find out the type of equivalence of the translation of English nominal subordinate clause functions as a subject and complement in Arabic translation. This research is an attempt to answer the question which asks about how far, adopting Newmark's theory to render the English nominal beta clause functions as a subject and complement of "The Old man and the Sea" into Arabic, preserving the English the complex clause meaning in the Arabic translation.

A qualitative descriptive method was used in this paper. Furthermore, the samples examined in this study were selected from Hemingway's novel "The Old Man and the Sea" comparing with their translation in Arabic translation by Ali Al-Qasimi (2008). These data were analyzed, according to Halliday's theory of functional grammar and tested according to Newmark's theory of semantic and

communicative translation in Arabic translation. The findings obtained show that semantic and communicative the translation, especially; in the selected data was translated flexibly – no more semantically and no more commutative.

Furthermore, a significant contribution of this study is that it provides a suitable version for the complex clause functions as a subject and a complement and on how the complex clause can be rendered from English into Arabic to achieve translation equivalence.

In addition, the findings indicated the importance of the complex clause structure in rendering the intended meaning from the ST and the TT during the translation process via achieving an accurate equivalence.

علم الإدارة بين هنري فايول و فريدريك تايلور: نبذة تأصيلية

Management Science between Henry Fayol and Frederick Taylor: Brief Originality

Humaid Hamdan Ali Alrabiei[9]
humaid212013@hotmail.com

Dr. Najib Sheik Abdisamad[10]
drnajib@usim.edu.my

Prof. Madya Dr. Abdul Rahim Zumrah[11]
rahim@usim.edu.my

الملخص

تناقش هذه الدراسة أساسيات علم الإدارة في مطلع القرن العشرين، لدى اثنين من كبار المنظرين هما؛ الفرنسي هنري فايول والأمريكي فريدريك تايلور. إن سوء الإدارة كان وراء الأزمات التي أصابت عددًا من المؤسسات العقارية والبنوك في الولايات المتحدة، التي امتد أثرها إلى جميع أرجاء العالم. وإذا كان هذا ينطبق على الدول الصناعية الغنية التي استطاعت أن تحقق إنجازات بفضل الإدارة الكفوءة في ميادين الاقتصاد والاجتماع والتربية والعلوم والتكنولوجيا، فإن للإدارة أثرًا كبيرًا في فشل التنمية البشرية والإدارية في الدول النامية. ونظرًا لما لجهود هذين المفكرين من أهمية في تأسيس علم الإدارة الذي ماتزال أهميته سائدة حتى اليوم، حين ركَّز الأول على للنظرية العامة للإدارة، فيما أكَّد الثاني مفهوم الإدارة العلمية. فقد آثر الباحث إجراء هذه الدراسة بهدف مناقشة إسهاماتِ كلٍّ منهما في التنظير لهذا العلم، والنقد الموجه لكلتي النظريتين. وعن طريق المنهج الوصفي التحليلي، خلصت الدراسة إلى أنّ النظريتين ليستا متناقضتين، بل تكمِّل كلٌّ واحدة منهما الأخرى. وأنّ كلتي النظريتين لم تسلما من النقد.

كلمات مفتاحية: الإدارة العلمية، فايول، تايلور.

---

[9] Ph.D. Candidate Faculty of Leadership and Management, USIM.
[10] Senior lecturer, Faculty of Leadership and Management, USIM.
[11] Prof. Madya Dr. Faculty of Leadership and Management, USIM.

Abstract

This study discusses the basics science of management at the beginning of the twentieth century, for two greatest theorists; French Henry Fayol, and American Frederick Taylor. Mismanagement was behind crises that hit a number of real estate institutions, banks in the United States, which spread to all parts of the world. If this hapened to a rich country that is able to use efficient management in the fields of economy, society, education, science and technology. Also management has a major impact on the failure of human and administrative development in many developing countries. Given the efforts of these scholar in the establishment of management sciences, which is still vital today; when the first focused on the general theory of management, while the second emphasized the concept of scientific management. The objective of the study is to discuss their contributions to the management theory and the critique to both theories. Through the descriptive analytical approach, the study concluded that the two contributions are not contradictory but complement each other. And that both theories did not receive criticism.

Keywords: Scientific Management, Fayol, Taylor.

فرق العمل ودورها في إدارة الأزمات: دراسة تطبيقية في مكتب وزير الدولة ومحافظ ظفار

The Task Teams Impact on the Effectiveness of Crisis Management:
An Applied Study at The Office of State Minister and the Governor of Dhofar

Khawidam Mohammed Khawidam Ghawas[12]
Khawidam.g@gmail.com

[13] Dr. Tariq Mohammed Saleh

Mohd Radhi bin Ibrahim[14] Madya Dr. Prof.

الملخص

هدف هذا البحث الكمي إلى معرفة أثر استخدام فرق العمل على فاعلية إدارة الأزمات، في مكتب وزير الدولة ومحافظ ظفار. تبرز مشكلة البحث عند تشكيل فرق العمل بمكتب وزير الدولة ومحافظ ظفار لإدارة الأزمات، وهذه الفرق تواجه تحدياتٍ بدرجات متفاوتة خلال تنفيذها المهام المناطة بها. هدف البحث التحقق من الفرضيات حول العلاقة بين استخدام فرق العمل ونتائج إدارة الأزمات، كذلك بين معوقات عمل فرق العمل ونتائج إدارة الأزمات. اعتمد الباحث المنهج الوصفي التحليلي. تكون مجتمع البحث من العاملين بمكتب وزير الدولةK ومحافظ ظفار البالغ عددهم (120) موظفا وموظفة، واختيار عينة عشوائية قدرها (69) موظفا. بينت النتائج: وجود علاقة طردية ضعيفة ذات دلاله إحصائية بين معوقات استخدام فرق العمل وإدارة الأزمات. ووجود أثر ذي دلاله إحصائيه عند مستوى الدلالة المعنوية (0.05) بين معوقات استخدام فرق العمل وإدارة الأزمات. ووجود تأثير ذي دلالة إحصائية عند مستوى الدلالة المعنوية (0.05) لفاعلية فرق العمل في إدارة الأزمات بمكتب وزير الدولة ومحافظ ظفار. أوصى الباحث بتعديل نظام الحوافز والمكافآت لتحفيز العاملين للانضمام لفرق العمل.

الكلمات المفتاحية: فرق العمل، إدارة الازمات، الفاعلية

---

[1] Ph.D Student at the Faculty of Leadership and Management, (USIM).
[13] Lecture at the Department of Commerce and Administrative Sciences, Dhofar University
[14] Prof. Madya Dr. Faculty of Leadership and Management, (USIM).

Abstract

The aim of this quantitative research is to find out the impact of the use of task teams on the effectiveness of crisis management in the Office of the Minister of State and the Governor of Dhofar. The problem of research arises when forming up task team at the Minister of State Office for Crisis Management. These teams face challenges to varying degrees during the implementation of the tasks assigned to them. The objective of the research is to verify hypotheses about the relationship between the use of task forces and the results of crisis management, as well as the constraints of the work of the task forces and the results of crisis management. The researcher adopted the descriptive analytical method. The research community consists of (120) employees at the Minister Office. A random sample of (69) employees was selected. The findings revealed that there is a weak positive correlation between the constraints of the use of teams and crisis management. And the existence of a significant statistical effect at the level of significance (0.05) between the constraints of the use of teams and crisis management. (0.05) for the effectiveness of the crisis management teams in the office of the Minister of State and the Governor of Dhofar. The researcher recommended that the system of incentives and rewards be amended to motivate employees to join the teams.

Keywords: task teams, crisis management, effectiveness.

ممارسات إدارة الموارد البشرية في تطوير أداء العاملين عبر الالتزام التنظيمي: دراسة ميدانية ببلدية ظفار في سلطنة عُمان

HR management practices in employee performance development through Field Study in Dhofar Municipality in Sultanate of organizational commitment: Oman

Ahmed Salim Mohammed Masan[15]
ahmedmassan2014@gmail.com
[16] Prof. Madya Dr. Mustafa Khlaif Mohammad Abu Zaid
mustafa1952@usim.edu.my

الملخص

يهدف هذا البحث الكمي إلى مناقشة أثر ممارسات إدارة الموارد البشرية في تطوير أداء العاملين، عبر الالتزام الوظيفي بوصفه متغيرًا وسيطًا. تجلت مشكلة البحث في الدراسات الميدانية التي قام بها الباحث ومقابلته لعدد من مدراء شؤون الموظفين، ومدراء الفروع في البلدية؛ التي أكدتْ وجود نسبة غياب وتأخيرات في العمل، حيث المعنويات منخفضة والدافع والرغبة للعمل ضعيفة، وتأخير الموظفين في الحضور إلى العمل. لذا هدف البحث إلى مناقشة أثر ممارسات إدارة الموارد البشرية في الالتزام التنظيمي وفي أداء العاملين. تم تصميم استبانة من (51) فقرة موزعة في (3) محاور، وزعت على عينة طبقية عشوائية قدرها (210) موظفاً. وعن طريق المنهج الوصفي التحليلي أظهر تحليل البيانات النتائج الآتية: وجود تأثير لأبعاد ممارسات إدارة الموارد البشرية في الالتزام الوظيفي وفي إنتاجية العاملين.

كلمات مفتاحية: الموارد البشرية – أداء العاملين – الالتزام الوظيفي.

---

[15] Ph.D Candidate at the Faculty of Leadership and Management, (USIM) Malaysia.
[16] Associate Prof. Dr. Faculty of Leadership and Management, (USIM) Malaysia.

Abstract

This quantitative research aims to discuss the impact of human resources management practices on employee performance development, through functional commitment as an intermediate variable. The research problem; came in a field studies conducted by the researcher and his interview with a number of personnel managers and managers of branches in the municipality, which confirmed the absence of delays in work, where low morale, motivation and desire to work is weak, Therefore, the research discusses the impact of human resource management practices on organizational commitment and on employee performance. A questionnaire was designed with (51) statements that were distributed in (3) axis, distributed on a random stratified sample of (210). Through the analytical descriptive approach, the data analysis showed the following results: The impact of the dimensions of human resources management practices on the functional commitment and productivity of the employees.

Keywords: human resources, employee performance, career commitment.

السَّرد العربي ودوره في تطوير الخطاب الأدبي

د. هند عبد الرحمن المشموم

كليات التقنية العليا– كلية دبي للطلاب

halmashmoom@hct.ac.ae

الملخص

المدخل: تناول الفنُّ النثري الحديث في إطار الواقع الثقافي الواسع ورؤية تطورات الفكر عبر النهضة الحديثة، وليس الغرض في هذا المقام تأريخ الفن السَّردي وتأطير جوانبه‘ ولا بد من القول: إن فنَّ السَّرد من الفنون النثرية التي يجدر بنا ذكرها للمساس بأهمية هذا الفن ورسم الخط التطوري الذي جانب الكثير من الدراسات دون أن نغفل عن ممهدات هذا الفن النثري بكل تجلياته السَّردية، والاطلاع على حقيقة الأوضاع السَّردية من تلك الأشكال الأدبية الرواية التي تشكل من خلال أحداثها طابعًا سرديًا مشوقًا، فالنص الروائي الحديث يجمع في طياته بين الأدبية النصية والشعرية اللغوية، كما أنَّ الإشكالية التي يسعى إليها البحث تتجلى في التساؤلات التالية:

ما مفهوم الخطاب السَّردي؟

ما الدلالات الفنية والفكرية في النص الأدبي؟

كيف صاغت الرواية الوقائع التاريخية للنص الأدبي؟

إضافة إلى أن الدراسة أفصحت عن مظاهر السَّرد الواقعي للرواية تلك التي اعتمدها الكتاب من طريق تتابع الأحداث الزمنية للواقع الروائي، كما أن البحث يشير إلى مظاهر التخييل وعرض الفرق بين زمن الخطاب/ السرد ومفهوم المفارقة الزمنية بتقنيتيها الاسترجاع والاستباق، والتطرق إلى الحديث عن ماهية السَّرد والبنية السَّردية وأشكال السَّرد ومكوناته، كما أننا بصدد الإنتاج السَّردي الحديث‘ لذا يتعين علينا الولوج من بوابة السَّرد العربي لشموليته وخصوصيته.

وقد اعترضت سبيل هذا البحث صعوباتٌ متعددةٌ حالت دون إتمامه على أكمل وجه منها:

1- عدم وضوح مفهوم السَّرد لدى الكثير من الدارسين.

2- تباين آراء النقاد حول بعض الإشكالات التي تخص مصطلح السَّردية .

منهج البحث: دراسة وصفية.

أهداف البحث: الوقوف على المفاهيم الأدبية في اللغة من حيث تتابع الأحداث وترابطها وتقديم صورة للقارئ عن طريق استخدام وسائل التعبير المكتوبة ولمقروءة، وإبراز أهمية السَّرد في التعبير عن الإرث الحضاري والثقافي وعلاقته بالبيئة المكانية وأجوائها الفنية، كما يهدف البحث إلى إبراز خصائص السَّرد الروائي: الفنية، واللغوية، والتاريخية، والثقافية، والحضارية وعلاقتها بالسُّمو الأدبي والإبداعي.

النتائج المفترضة: البحث المفاهيم السَّردية التي من شأنها الكشف عن الكوامن الفكرية والتاريخية والسياسية

نوع الدراسة: نظرية مكتبية

كلمات مفتاحية : السَّرد العربي – الخطاب الأدبي — الفنّ النثري

الاتجاهات الحديثة في ربط العلوم التطبيقية بالعلوم الإنسانية و الاجتماعية

" الجريمة باللعبة "

دراسة تحليلية سيميولوجية – وظيفية للعبة الحوت الأزرق

سليماني صبرينة
جامعة قسنطينة
slimanisab@yahoo.fr

الملخص

لقد تطورت الظاهرة الإجرامية في العصر الحديث تطورا ملحوظا و مذهلا سواء في أشخاص مرتكبيها، أو في أسلوب ارتكابها الذي يتمثل في استخدام آخر ما توصلت اليه العلوم التقنية و التكنولوجيا و تطويعها في خدمة الجريمة من وسيلة تسلية إلى مخدر إلكتروني ، و من دردشة حميمية إلى برمجة لغوية، ومن وسيلة اتصالية إلى جريمة انتحالية بحيث تتعقد لتصل أحيانا إلى مستويات يعجز العقل السليم عن تصورها، و هنا تكمن أهمية هذه الدراسة للتغيرات التي قد تطرأ على البنى الاجتماعية من خلال مفهوم الجريمة باللعب (لعبة الحوت الأزرق نموذجا و الحرب الصامتة التي تستخدم اللعبة لارتكاب الجريمة أو تسهيل ارتكابها ، مستخدمة المنهج الوصفي و التحليلي الذي يكشف عن الأوضاع المتعلقة بظاهرة الانتحار لهذه اللعبة، و الوقوف على مخططاتها و برامجها و ابعادها ،كما استعان الباحث بمنهج تحليل المحتوى، أو المضمون لاستقراء أدبيات الجريمة على الطفولة المتخصصة الذي يعالج قضية الحرب الصامتة في الفضاء الإلكتروني' وبذلك توصلنا إلى اقتراح عدد من السيناريوهات الأرجح و المتوقع وقوعها ، التي تجعل الطفل، أو المستخدم يقدم على عملية الانتحار، أو البقاء بالتحدي ينتهي به الى الاختفاء، أو الاختطاف الافتراضي .

الكلمات المفتاحية : جريمة ، اللعبة ، الحوت الازرق ، الحرب الصامتة

أثر السياسة المالية في قطاع الاتصالات اللاسلكية من سنة (2015-2011) في المملكة الاردنية الهاشمية

د. سناء سليم عبد الجواد الحاج عيد   م. حسان نبيل عبد الجواد الحاج عيد

University Sultan Zain Al Abideen

hassanalhajeid@gmail.com

Abstract

This study examines the impact of the use of austerity fiscal policy on taxation and its impact on the services sector, as the state provides taxes to finance its projects. The system of public finance depends on several financial instruments: expenditure, revenue, and the general budget. Hence, the importance of this study is to examine the impact of the use of fiscal policy on the telecommunications sector. The focus was on the telecommunications sector because it had a significant impact on taxpayers and had an impact on the economy the research has been adopted the analytical descriptive method because it is suitable and common way in such research based on theoretical approach.

The telecommunications sector is a service sector, which accounts for 70% of the GNP and 75% of the labor force in the Jordanian market. The main task is to identify the resources required by the government to maintain the public and private balance. Hence the importance of public finance in achieving prosperity and economic well-being. The study sheds light on the state's intervention through the expenditure and taxation policy of the telecommunications sector. It discusses the role that the state should play in achieving the sustainability of the sector and the feasibility of the tax policies on the telecommunications sector.

The problem of the study is to know the actual impact of taxation on the telecommunications sector, its development and its impact on the general economy under the imposed taxes specially the ICT sector is one of the most advanced sectors with the highest growth rates in Jordan at 50% per annum. The sector occupies one of the top three direct foreign investment levels. Since 2002, the sector has doubled in five years, from $ 450 million in 2000 to $ 1 billion in 2005. Revenues from the ICT sector in 2007 amounted to JD 139.6 million and domestic revenues of JD 486.4. The number of employees in this sector is estimated at 5280 persons in 2008, .Study Hypotheses were two hypotheses Zero hypothesis: The hypotheses of the study provide for an inverse relationship between the taxation of the telecommunications sector and the contribution of the sector to the GNP, and The first hypothesis is that there is no inverse relationship between the taxation of the telecommunications sector and the contribution of the sector to the GNP. After the results, it can be said that the zero-sum hypothesis, which provides for an inverse relationship between the taxation of the telecommunications sector and the contribution of the sector to GNP, is correct.

استخدام التكنولوجيا الحديثة وأثرها في ذوي الاحتياجات الخاصة في التعليم

ا. خالد مختار عثمان
جامعة التكنولوجيا/ ماليزيا
khalid6373@gmail.com

المخلص:

تهدف هده الدراسة إلى تحقيق استخدام التكنولوجيا الحديثة بوصفها وسيله في تحسين عمليه التعليم لذوي الاحتياجات الخاصة، كذلك تعتمد هده الدراسة بصورة أساسية على درجة الإعاقة لذوي الاحتياجات الخاصة ، نتطرق في هده الدراسة إلى معرفة مفهوم ذوي الاحتياجات الخاصة. ومن خلال هذا البحث نطرح عدت إشكاليات، حول مفهوم ذوي الاحتياجات الخاصة و أهمية استخدام تكنولوجيا التعليم في تحسين عمليتي التعليم والتعلم لذوي الاحتياجات الخاصة، ومتطلبات استخدام التكنولوجيا التعليم و معوقاتها ، استخدمت هده الدراسة المنهج الوصفي التحليلي وتوصلت إلى عدة نتائج وأهمها: إن استخدام التقنية المعاصرة داخل المؤسسات والمراكز التعليمية يقود الطلاب ذوي الاحتياجات الخاصة إلى زيادة دافعيتهم وإقبالهم علي التعلم ، و يساعدهم على تنميه قدارتهم الذهنية والجسدية ، وإن غياب مفهوم التقنية يقف عائقًا أمام استخدامها ،كما أوصت الدراسة بالعمل على توفير الوسائل التعليمية الحديثة الخاصة في جميع المؤسسات والمراكز التعليمية. برفع درجة اهتمام ووعي جميع أعضاء هيئة التدريس والمعلمين داخل المراكز التعليمية على استخدام الوسائل التعليمية ،وذلك بتكثيف الدورات التدريبية وورش العمل الخاصة للمعلمين التي من شأنها مساعدة إنجاح العملية التعليمية.

الكلمات المفتاحية: التكنولوجيا الحديثة ، الاحتياجات الخاصة ، التعليم.

Abstract

The objective of this study is to investigate the use of modern technology as a means of improving is to the process of education for people with special needs. This study also depends mainly on the degree of disability for people with special needs. In this study, examine the concept of people with special needs. In this study, also investigate several issues which concern of the idea of people with special needs and the importance of using educational technology in improving the teaching and learning processes for people with special needs and the requirements of the use of educational technology and its obstacles. In this study, the analytical, descriptive method used. As well as the educational institutes perform students with special needs to increase their motivation and desire to learn, as well as help them to develop their minds capacity and physical. Although, the absence of the concept of technology obstacle in the way of their use. As we recommend by the study Work on the provision of modern teaching aids in all private institutions and educational institutes. To raise the level of interest and awareness of all members of the faculty and teachers in and educational institutes on the use of educational means, by intensifying training courses and workshops for teachers that will help to make the success of the educational process.

Keywords: modern technology, special needs, education.

التخطيط الاستراتيجي وأثره في الأداء المؤسسي: دراسة في مكتب وزير الدولة ومحافظ ظفار

Strategic Planning Impact on Institutional Performance: A Study in the Office of State Minister and the Governor of Dhofar

Alkathiri Musallam Ajaham Musallam [i] Dr. Khatijah Binti Othman [ii]
Dr.Muhammad Khairi Bin Mahyuddin [iii]

i (Corresponding author). Ph.D. candidate at the Faculty of Leadership and Management, (USIM).

muslumajham@yahoo.com

ii Senior Lecture at the Faculty of Leadership and Management, (USIM). khatijah@usim.edu.my

iii Senior Lecture at the Faculty of Leadership and Management, (USIM). muhdkhairi@usim.edu.my

الملخص

مكتب وزير الدولة ومحافظ ظفار، وحدة تنظيمية متكاملة مستقلة، وفق قانون الخدمة المدنية. يتطلع نحو تنمية مستدامة للمحافظة، عبر ترقية جهود الموظفين والأجواء نحو الإبداع والإنتاج، عن طريق التدريب ونظام الحوافز. وتواجه مؤسسات السلطنة عديدًا من التحديات المتزايدة، بسبب الأزمات الاقتصادية والمالية، وتنوع حجم الطلب وتزايدها على الخدمات العامة؛ مما أشّر قصوراً في فعالية التخطيط الاستراتيجي الذي أثَّر في الأداء. هدفت الدراسة إلى مناقشة فعالية التخطيط الاستراتيجي، وأثره في الأداء المؤسسي بمكتب وزير الدولة ومحافظ ظفار. تكون مجتمع الدراسة من العاملين بالوظائف الإدارية في المديريات العامة التابعة لمكتب وزير الدولة ومحافظ ظفار ، البالغ عددهم (819) موظفًا. اختار الباحث عينة عشوائية عددها (260). أعدِّ الباحث استبانة تحتوي على (60) فقرة موزعة في (4) محاور هي: التخطيط الاستراتيجي، إدارة المعرفة، التدريب، الأداء المؤسسي. دللت نتائج الدراسة وجود بعض القصور في فعالية التخطيط الاستراتيجي على الأداء المؤسسي بدرجة متوسطة؛ في التنبؤ الجيد والتوقع الاستراتيجي. ووجود ضعف في إدارة المعرفة، الهيكل التنظيمي تستوجب إعادة النظر فيه، وضعف في تكنولوجيا المعلومات بدرجة عالية. وقصور في التدريب بدرجة عالية؛ من حيث الأثر والتعيين، كذلك الاحتياجات والبرامج، وكذلك جاء الأداء المؤسسي الذي تأثر بكفاءة العاملين.

كلمات مفتاحية: التخطيط الاستراتيجي، إدارة المعرفة، التدريب، الأداء المؤسسي.

الحركات في الساحة العمانية: دراسة في تاريخ عُمان الحديث

Movements in the Omani Arena: A Modern Historical Study of Oman

Ahmed Murad AL Balushi,[i] Dr. Mohamed Khairy,[ii] Dr Ahmed Naja[iii],

i (*Corresponding author*). Ph.D. candidate at the Faculty of Leadership and Management, (USIM). ahmedmurad2009@hotmail.com

ii Senior Lecture at the Faculty of Leadership and Management, (USIM). muhdkhairi@usim.edu.my

iii Senior Lecture at the Faculty of Leadership and Management, (USIM). najaa@usim.edu.my

الملخص

عاشت عُمان فتراتِ مجدها؛ في عهد السيد سعيد بن سلطان (1806-1856)، قويةً ذاتَ أسطول بحري قوي، حين كونت إمبراطورية شملت عُمان وشرق أفريقيا. وعقب وفاته، دبَّ الضعفُ؛ بسبب الخلاف بين أبنائه: ثويني حاكم عُمان، وماجد حاكم زنجبار. فتدخلت بريطانيا وأصدرتْ قرارًا يُلزم تقسيم الإمبراطورية العُمانية إلى قسمين: (عُمان) تحت حكم ثويني، و (زنجبار) تحت حكم ماجد. مما تسبب في تعميق المشكلات وانهيار الاقتصاد. بذلك رزحت عُمان في فرقة وانقسام لأكثر من قرن (1856-1970). وقد تسببت الصراعات الداخلية في توقيع اتفاقية السيب عام (1920م)، وأصبح في عُمان كيانان سياسيان هما: السلطنة في مسقط التي بسطتْ سلطتها على المناطق الساحلية، بمساعدة الحكومة البريطانية. والإمامة ومركزها نزوى، التي سيطرتْ على المناطق الداخلية وكانت تمرُّ بأزمة اقتصادية خانقة. هدفت الدراسة إلى مناقشة الحركات في الساحة العمانية. ومن خلال المنهج التاريخي والمنهج الوصفي التحليلي، حصرت الدراسة مجموعةً من الثورات الهادفة إلى الزعامة بلغ عددها (11) ثورة، بدأت من: ثورة بني بو علي في جعلان بالمنطقة الشرقية، وثورة الشحوح في شبه جزيرة مسندم، وعصيان الرحبيين والندابيين ضد السلطان فيصل بن تركي عام 1896م. أما النوع الثاني فكانت الثورات العقائدية، منها؛ ثورة الشيخ سعيد ابن خلفان الخليلي، ضد السلطان سالم بن ثويني وتنصيب الإمام عزام بن قيس، وثورة الجبل الأخضر بزعامة الإمام غالب ضد السلطان سعيد بن تيمور، وثورة ظفار (1967-1975) التي حملتْ الآيديولوجية الماركسية، لأجل اقتطاع إقليم ظفار. وتعرضت عُمان لثلاث محاولات تجزئة خارجية؛ من بريطانيا، ثم إيران للسيطرة على مسقط والباطنة وشبه جزيرة مسندم، ومحاولة السعودية للسيطرة على البريمي وسهل الباطنة.

كلمات مفتاحية: تاريخ عُمان، الثورات، حركات العصيان، محاولات التقسيم

السلطان قابوس بن سعيد مؤسس الوحدة الوطنية والتعايش السلمي

وباني سلطنة عُمان الحديثة: دراسة وصفية تحليلية

SULTAN QABOOS BIN SAID, THE FOUNDER OF NATIONAL UNITY AND THE BUILDER OF THE MODERN SULTANATE PEACEFUL COEXISTENCE OF OMAN: AN ANALYTICAL DESCRIPTIVE STUDY

Ahmed Murad AL Balushi,[i] Dr. Mohamed Khairy,[ii] Dr Ahmed Naja[iii],

i (*Corresponding author*). Ph.D. candidate at the Faculty of Leadership and Management, (USIM). ahmedmurad2009@hotmail.com

ii Senior Lecture at the Faculty of Leadership and Management, (USIM). muhdkhairi@usim.edu.my

iii Senior Lecture at the Faculty of Leadership and Management, (USIM). najaa@usim.edu.my

الملخص

يعدُّ يوم 23 يوليو عام 1970م؛ بداية انطلاق النهضة العُمانية الحديثة، حين تولى السلطان قابوس بن سعيد حكم البلاد. فقد عانت البلاد محاولاتٍ تجزئة خارجية؛ تمثلت في محاولة بريطانيا للسيطرة على عُمان وضمها بوصفها محمية بريطانية، ومحاولة إيران السيطرة على مسقط وسهل الباطنة وشبه جزيرة مسندم، ومحاولة السعودية السيطرة على البريمي والمنطقة الشرقية وسهل الباطنة. لذا تهدف الورقة إلى: إبراز الدور القيادي للسلطان قابوس، في خلق الوحدة الوطنية، وروح التعايش في سلطنة عمان. عن طريق المنهج الوصفي التحليلي، أشارت النتائجُ إلى أنَّ عمان توحدت لأول مرة في تاريخها من أقصى مسندم شمالاً إلى ضلكوت جنوبًا، بعد عام 1970م. واستكملت هذه الوحدة بترسيم الحدود مع الدول المجاورة، لتأمين الأرض، وإبعاد شر الحروب، وإنهاء مشكلة البريمي التي استمرت زهاء عقدين من الزمن. إلى جانب جهوده في ترسيخ قاعدة الشورى في عُمان، بإنشاء المجلس الاستشاري للدولة. ثم استطاع القضاء على حركة التمرد في ظفار. وتنفيذ مشاريع كبيرة لتنمية البلاد ورفع مستوى معيشة الشعب.

كلمات مفتاحية: السلطان قابوس، الوحدة الوطنية، عُمان الحديثة

مصطلح الجملة الابتدائية والجملة المستأنفة بين النشأة والتجديد: دراسة تأصيلية تحليلية

li Bin Md.Isa[3]hr.zulkipD Dr.zainal Abidin Hajib[2 Ibtisam Ali Salem Halaly[1]*

جامعة العلوم الاسلامية الماليزية

*1) Halaly.ibtisam@gmail.com

الملخص

إن المصطلح النحوي يعودُ في نشأته إلى القرون الأولى من نشأة علم النحو؛ غير أن طبيعة تلك النشأة كانت متباينة الأغراض بين النحاة قديما وحديثا، وكان لمصطلح (الجملة الابتدائية) و(الجملة المستأنفة) نصيبها من ذلك التباين حتى العصر الحديث. من هذا المنطلق، تبنّت هذه الورقة البحثية دراسة مصطلح (الجملة الابتدائية)، ومصطلح (الجملة المستأنفة) دراسة تأصيلية تحليلية بوصفهما مصطلحين لإحدى أنواع الجمل العربية الواردة في السياقات النصية؛ إذ لوحظ أنه ثمة تباينا في توظيف المصطلحين منذ بداية النشأة لدى بعض النحاة حتى الآن. وبناءً على ذلك؛ تهدف هذه الورقة البحثية إلى الكشف عن نشأة مصطلح الجملتين نشأة نحوية بلاغية، كما تهدف إلى تحليل طبيعة نشأة تلك الاصطلاحات؛ لما يترتب عليهما من معانٍ بلاغية على اعتبار ارتباطهما بالسياقات النصية. وإن هذه الورقة تعتمد في مصادرها ومراجعها على كتب التراث القديمة بغية تحليلها، والوصول إلى النتائج. تعتمد الورقة البحثية على المنهج الوصفي التحليلي القائم على وصف نشأة مصطلح الجملة الابتدائية، ومصطلح الجملة الاستئنافية، ثم ترجيح القول في مسألة ترادفهما، ومن النتائج الأوليَّة للبحث أنَّه ثمة تطور في مصطلح الجملة الابتدائية، ومصطلح الجملة المستأنفة بين القديم والحديث، وبالتالي يترتب على ذلك معانٍ بلاغية ترد في السياقات النصية.

الكلمات المفتاحية: الابتداء، الجملة الابتدائية، الاستئناف النحوي، الجملة المستأنفة، جمل لا محل لها من الإعراب.

المخدراتُ الرقمية (مخدرات في ثوب جديد)

إسلام صلاح عبد السلام

كلية الآداب جامعة الفيوم

es112@fayoum.edu.eg

الملخص

استهدفت الدراسة الحالية التعرف على مدى تأثير العولمة الثقافية بمفرداتها المختلفة في انتشار الجرائم المستحدثة بين الشباب، وتحقيقًا له قدمت الدراسة تساؤلاً رئيسيًّا يبحث مدى تأثير العولمة الثقافية بمفرداتها المختلفة في انتشار الجرائم المستحدثة بين الشباب وما تلك الجرائم ؟، وتندرج هذه الدراسة ضمن الدراسات الوصفية التحليلية معتمدة في منهجيتها في تحليل وتفسير الإشكالية على منهج المسح الاجتماعي .

توصلت الدراسة إلى أن الوسائل التكنولوجية الحديثة، ومواقع التواصل الاجتماعي هي العامل الأساسي في تعرف الشباب وإقبالهم على سماع المخدرات الرقمية، فهي تهدف إلى عزل الشباب عن واقع المجتمع والأمة، وأن سماع المخدرات الرقمية يتم وفق طقوس وممارسة ثقافية معينة، مما يُحدث تأثيرًا في الحالة المزاجية للشباب، يحاكي تأثير المخدرات التقليدية، مما يجعل العقل يصل لحالة من التخدر.

كما توصلت الدراسة إلى أن ضعف الوازع الديني عند الشباب هو أحد أهم العوامل الشخصية التي أسهمت في إقبال الشباب على إدمان المخدرات الرقمية، وأن عدم اهتمام الأجهزة الأمنية بمكافحة المخدرات الرقمية يعدُّ أحد أهم العوامل القانونية التي أسهمت بشكل مباشر في انتشار المخدرات الرقمية بين الشباب، وأن العوامل التكنولوجية كذلك لها دور بارز في انتشار المخدرات الرقمية بسهولة عبر استخدام مروجيها لشبكة الإنترنت، ومواقع التواصل الاجتماعي لأساليب الإغراء والجذب المختلفة للشباب، كما توصلت الدراسة إلى أن مُدمِن المخدرات الرقمية يتحول إلى شخص عدواني يميل إلى العنف داخل وخارج الأسرة.

كلمات مفتاحية : المخدراتُ الرقمية – مواقع التواصل الاجتماعي – وسائل التكنولوجيا الحديثة

The Role of Organizational Culture on Innovation Capability: An Empirical Study

Abdulrahman Younes Abdulrahman Alblooshi

جامعة العلوم الإسلامية الماليزيه

abdurahman.younes@moe.gov.ae

Abstract

Creating as well sustaining the competitive advantage within the market is essential in today's scenarios. Rather it is regarded as the priority of the companies. In order to be competitive in the market the organizations are trying to be more and more innovative with respect to its product and services. Thus, this research report talks about various literatures which indicate the importance of innovation and its relation with the organizational culture. It has been revealed in this report that organizational culture fosters and promotes the innovation capability within the company. Thus, this report portrays that how organization can have successful implementation of the innovation process.

Keywords: Organizational Culture, Innovation Capability

Innovation or imitation? The role of organizational culture

Mohammed Ali Dad

جامعة العلوم الإسلامية الماليزية

Mohammed–ali.89@hotmail.com

Abstract

The main aim of the report is to identify that how innovation can be incorporated within the business. The research paper talks about the imitation and the innovations process. It shows that which approach is best suitable to the company. Many factors have been identified to describe the innovative orientation of the company. The major factor which affects the business is the organizational culture. The main aim of the paper is to identify that organizational culture which inhibits imitation strategy and the promotes innovation strategy. Hierarchical multiple regressions have been used to analyzed the collected data from the 471spanish companies. The alternate's hypothesis has been accepted and the null hypotheses have been rejected. Thus, it shows that organizational culture is positively correlated with the innovation process of the company (Naranjo-Valencia, Jiménez-Jiménez, & Sanz-Valle, 2011).

Keywords: Organizational Culture, Innovation, Spain

صنعُ القراراتِ ودعمُها واتخاذُ القرارِ الأمثل في مُواجهة الأزمة

نشوان عبد الرحمن حسن تقي الدين

جامعة العلوم الإسلامية الماليزية USIM

nashwan.taqi@yahoo.com

الملخص

أكّدت الدارسة بأن إدارة الأزمات تتمثل في مجموعة من الخطط والأساليب والاستراتيجيات والنشاطات الإدارية الملائمة لأوضاع استثنائية بغية السيطرة عليها واحتوائها من خلال المرتكزات التي ترتكز عليها هذه الإدارة ضمن مراحلها الرئيسية، وأهمها اتخاذ القرارات السليمة أثناء عمليات المواجه الفعلية لها. ويؤيد الباحث تقسيم مراحل إدارة الأزمة إلى ثلاث مراحل، على اعتبار أن هذا التقسيم يتضمن مراحل محددة بذاتها فيها إجراءات مرتبطة بها.

وانحصرت مشكلة الدراسة في كيفية معرفة صنع القرارات الأزموية، واتخاذ القرار المناسب أثناء مواجهة الازمات في أسرع وقت ممكن بأفضل النتائج، وأقل الخسائر، وإيجاد إستراتيجية وآلية توافقية لعمليات المواجهة في جميع مراحلها، حيث إن الوقت يكون ضيقًا جدا، أو منعدمًا تماما بسبب تراكم الأحداث المفاجئة والمتسارعة التي تعمل على وجود تهديدات أمنية وقومية تتطلب اتخاذ القرار للمواجهة والسيطرة عليها.

وقد هدفت هذه الدراسة إلى التعرف على ماهية القرارات والقرار الأمني، وبيان عناصره وأنواعه ومراحله، وكيفية يتم صنع القرارات واتخاذ القرار الأمثل وقت المواجهة، وإيضاح مفهوم الأزمات الأمنية، وبيان علاقة عامل الوقت ومحدوديته واتخاذ القرارات ضمن مراحل عمليات مواجهة الأزمات الأمنية، والوقوف على مدى إسهام اتخاذ القرار السليم في محاولة السيطرة على الأزمات وتداعياتها.

وانبثقت أهمية هذه الدراسة، والتي يمكن النظر إليها من الناحية النظرية (العلمية): بما يتوقع أن تضيفه إلى التراكم المعرفي من خلال تزويد المكتبة الأمنية بنسق المعلومات التي توضح ماهية قرارات الازمة وكيفية صنع واتخاذها في عمليات إدارة ومواجهة، أما من الناحية والتطبيقية (العملية): فتكمن في محاولة الاستفادة من نتائجها وتوصياتها ومقترحاتها التي يؤمل أن تسفر عنها هذه الدراسة. وفي منهجية الدراسة تم اتباع المنهج الوصفي التحليلي في هذه الدراسة الذي يعتمد على المعلومات والبيانات والحقائق واستقراء واستطلاع للرأي وعرض أبعادها وجوانبها من الناحية النظرية والعلمية ومحاولة تحليلها وتفسيرها واستخلاص النتائج منها، وعمل التوصيات المناسبة لها.

الكلمات المفتاحية: اتخاذ القرار– الازمات – إدارة الأزمة الأمنية (مواجهة).

العوامل المؤثرة في نجاح أنظمة المعلومات في الموارد البشرية في قطاع السيارات.دراسة تطبيقية على شركة عبد اللطيف جميل للسيارات في السعودية

Factors affecting the success of information systems in human resources in the private sector (Abdul Latif Jameel Company) in Jeddah

جامعة العلوم الإسلامية الماليزية USIM

Ebrahim Ahmed Ankara Alrudaini - Muhammed Khairi B. Mahyuddin

mahmoodsh280@gmail.com

الملخص

أن التطور الهائل في أنظمة الاتصالات والانترنت هو الدافع أو المحفز الأكبر لمنظمات القطاع الخاص في المملكة العربية السعودية للاستخدام المتقدم لهذه التكنلوجيا وانظمتها في الارة منظمات، ففي الآونة الأخيرة، اتجهت العديد من المنظمات والشركات في القطاع الخاص السعودي إلى إجراء تغيرات جوهرية في أنظمة إدارتها متحولة إلى الاعتماد بشكل كامل على أنظمة المعلومات، الأمر الذي جعلها تواجه بعض المشاكل التنظيمية والتكنولوجية، والفردية خلال اعتماد واستخدام التكنولوجيا الحديثة. ولذلك، أصبح من الضروري تحديد العوامل الرئيسية التي تؤثر على اعتماد نظم المعلومات القطاع الخاص بالمملكة العربية السعودية. وبما أن المملكة العربية السعودية تعتبر من البلدان الغنية بمواردها الطبيعية، كما انها تحسنت في العديد من المجالات حيث هناك التطور السريع في مجال التعليم، الحكومة الالكترونية، والحوسبة، وتكنولوجيا المعلومات. فقد أصبح من المهم أن نفهم العوامل المؤثرة في قبول واعتماد تكنلوجيا وأنظمة المعلومات في منظمات القطاع الخاص بوصفه محركاً رئيسياً لعجلة التنمية في البلاد. وتتطلع شركة عبد اللطيف جميل إلى أن تكون المؤسسة الرائدة في قطاع السيارات في المملكة العربية السعودية وذلك من خلال توفير البنية التحتية المتطورة والقادرة على مواكبة آخر المستجدات في إدارة الموارد البشرية في هذا القطاع، وهذه الشركة تعتمد على نظم المعلومات وتعتبرها القاعدة التقنية للانطلاق، كما تعمل الشركة وبشكل مستمر على تحسين وتطوير جودة خدماتها ورفع كفاءة أداء موظفيها الذي لن يتم إلا باعتمادها على نظم المعلومات، هذه النظم التي تعتبر عصب التطوير الإداري، إذ يتم من خلالها متابعة أداء الموظف، وتحسين قدرته الوظيفية، ولها تأثيرات في سلوك الأفراد وجماعات العمل، لجعل نتائج الأداء منسجمة وأهداف المنظمة، وتعطي العامل القدرة على انجاز المهام والواجبات الموكلة إليه وتطوير قدراته على تحمل مسؤوليات إضافية تحقق له درجة عالية من الرضا الوظيفي، وتعطيه القدرة على التكيف مع بيئة العمل، وبذلك يمكن استكشاف العناصر المترتبة على الأداء البشري من حيث الكفاءة والإنتاجية، الأمر الذي ينعكس أثره على الفاعلية الكلية للمنظمة. استنادا إلى

استعراض الأدب النظري الموجود، أجرينا هذه الدراسة بهدف التعرف على بعض العوامل التي تؤثر على اعتماد تكنلوجيا وأنظمة المعلومات في القطاع الخاص بالمملكة العربية السعودية وتأثيرها على تعاظم استعداد الموظف لاستخدامها، ودراسة أثر المستوى الفردي، حيث تسعى هذه الدراسة أيضا إلى العثور على أثر مؤشر موقف الموظف والسلوك من استخدام واعتماد تكنلوجيا وأنظمة.

Entry of the foreign investor and protection of his projects in the Islamic lands in Islamic jurisprudence and law

(A comparative study)

Mahmood Shaker Abood Alaloosh

Muhammad Aunurrochim Mas'ad

USIM university

mahmoodsha669@gmail.com

Abstract

There is no doubt that foreign investment has become a necessary necessity in this era, For the purpose of developing, especially Developing countries, including most Arab and Islamic countries, For its role in the flow of capital and technology, infrastructure development and job creation in host countries. Therefore, this study came to discuss the position of Islamic law from the entry of foreign investors to the Islamic countries and their participation in the money of Muslims and the exploitation of their resources and land, This study will also discuss the position of the Islamic Shari'a on the protection of foreign investors, And the rooting of this protection in Islamic jurisprudence and comparative law, relying on the analytical method of analytical texts of legal and jurisprudential views, And research in contemporary jurisprudence related to the protection of foreign investment in addition to contemporary legal texts.

دخول المستثمر الأجنبي وحماية مشاريعه في الأراضي الإسلامية في الفقه الإسلامي والقانون الوضعي

(دراسة مقارنة)

USIM university

Mahmood Shaker Abood Alaloosh, Muhammad Aunurrochim Mas'ad

mahmoodsha669@gmail.com

الملخص

أن مما لاشك فيه أن الاستثمار الأجنبي أصبح من الضرورات المسلم بها في هذ العصر، لغرض تطوير البلدان خصوصاً النامية منها والتي منها غالبية الدول العربية والإسلامية، وذلك لدوره في تدفق رؤوس الأموال والتكنلوجيا وتطوير البنى التحتية وتوفير فرص العمل في البلدان المضيفة للاستثمار، ولذا جاءت هذه الدراسة لمناقشة موقف الشريعة الإسلامية من دخول المستثمر الأجنبي الى البلاد الإسلامية ومشاركته لأموال المسلمين واستغلال مواردهم واراضيهم، كما ستناقش هذه الدراسة موقف الشريعة الإسلامية من حماية المستثمر الأجنبي، وتأصيل هذه الحماية في الفقه الإسلامي والقانون المقارن معتمدين في ذلك على المنهج الاستقرائي التحليلي للنصوص الشرعية والآراء الفقهية والبحث في اجتهادات شرعية معاصرة ذات صلة بموضوع حماية الاستثمار الأجنبي بالإضافة الى النصوص القانونية المعاصرة.

العلاقات التركية مع دول جنوب القفقاس

د.محمود نجم خلف

جامعة بغداد

mh_abd_k@yahoo.com

الملخص

إن الحفاظ على استقلال وسيادة دول جنوب القفقاس، وترسيخ الاستقرار السياسي والاقتصادي في المنطقة، ودعم التعاون الإقليمي وتكامل دول المنطقة مع المؤسسات الأوروأطلسية، يشكل العناصر الرئيسة للسياسة التركية حيال جنوب القفقاس. وتعتبر منطقة جنوب القفقاس التي توجد بينها وبين تركيا روابط تاريخية وثقافية، بمثابة جسر يربط تركيا بآسيا الوسطى.

وكانت تركيا من أوائل الدول التي اعترفت باستقلال كل من أذربيجان وأرمينيا وجورجيا عقب تفكك الاتحاد السوفياتي. وأقامت تركيا فيما بعد علاقات متطورة مع أذربيجان وجورجيا. ولكن لم يتحقق نفس الزخم على صعيد العلاقات مع أرمينيا بسبب الصراع القائم حول ناغورني كاراباغ والموقف السلبي الذي تتبناه أرمينيا حيال تركيا. حتى أن الحدود القائمة فيما بين البلدين أغلقت في عام 1993 بعدما احتلت أرمينيا منطقة كالباجار الأذرية.

إن العلاقات القائمة بين تركيا من جهة وأذربيجان وجورجيا من جهة أخرى، حققت تقدماً سريعاً في غضون السنوات الخمسة والعشرين التي مرت على استقلال هذين البلدين حتى وصلت إلى مستوياتها الحالية. والزيارات المتبادلة المكثفة التي تجري بين تركيا وهذين البلدين هي إحدى النتائج التي تمخضت عن إقامة علاقات وثيقة بين هذه البلدان. حيث أقيم مجلس تعاون استراتيجي رفيع المستوى مع أذربيجان وجورجيا، الأول على مستوى رئيس الجمهورية والثاني على مستوى رئيس الوزراء.

كما يتم إيلاء الأهمية اللازمة لتطوير مشاريع التعاون الإقليمي والمشاريع التنموية أيضاً، بغية إقامة منطقة مزدهرة مشتركة في جنوب القفقاس. وفي هذا الإطار، تم إنشاء خط أنابيب النفط بين باكو وتفليس وجيهان، وخط أنابيب الغاز الطبيعي بين باكو وتفليس وأرزوروم. ومازالت الأعمال جارية لمد خط أنابيب الغاز الطبيعي عبر الأناضول (TANAP)، حيث من المقرر أن يدخل هذا المشروع الخدمة في منتصف عام 2018. وقد تم افتتاح الخط الحديدي بين باكو وتفليس وكارس خلال مراسم افتتاح أقيمت في باكو بتاريخ 30 تشرين الأول/أكتوبر 2017. ومع افتتاح هذا الخط الحديدي بين باكو وتفليس وكارس يكون الخط الحديدي الواصل بين لندن والصين قد اكتمل.

وقد أكسبت الآليات القوية التي أقامتها تركيا مع أذربيجان، التعاون الإقليمي إطاراً سياسياً. وتم رفع الآلية الثلاثية بين تركيا وأذربيجان وجورجيا والآلية الثلاثية بين تركيا وأذربيجان وتركمانستان إلى مستوى رئيس الجمهورية، وتوسع لتشمل المجالات الأخرى.

وتدافع تركيا عن حل النزاعات القائمة في المنطقة (ناغورني كاراباغ وأبخازيا وأوسيتيا الجنوبية) عبر الطرق السلمية، في إطار الحفاظ على سيادة كل من أذربيجان وجورجيا ووحدة أراضيهما، وذلك من أجل التمكن من إرساء السلام والاستقرار الدائمين في جنوب القفقاس.

وفي هذا السياق، مازلت تركيا تحتفظ بموقفها فيما يتعلق بتطبيع العلاقات مع أرمينيا. ولكن تم إجهاض هذا المسار نتيجة قيام أرمينيا بتعليق اتفاقيات زيورخ في بادئ الأمر، ومن ثم سحبها من البرلمان في شهر شباط/فبراير 2015. ومازالت هذه الاتفاقيات مدرجة على جدول أعمال مجلس الأمة التركي الكبير.

المؤتمرُ الدَّوليُّ الرابعُ للاتجاهاتِ الحديثةِ في العلومِ التطبيقية

6-7 أبريل 2019

ماليزيا

مستخلص الزيوت الطيارة المركب(CLAMC) وتاثيره العلاجي الفعال السريع لعلاج التهاب الجيوب الانفية المزمن والصداع ونزلات البرد

أ.د سندس حميد أحمد

الجامعة المستنصرية / كلية العلوم

drsundusahmed@gmail.com

الملخص

أجريت هذه الدراسة كمحاولة لإيجاد بدائل علاجية من مصادر طبيعية واستخدامها كعلاجٍ للقضاء أو الحدِّ من التهاب الجيوب الانفية الحاد، ولكي يتجنب المريض اللجوء إلى العملية الجراحية وذلك لتقليل التأثيرات الجانبية للعلاجات المستخدمة في الوقت الحاضر لعلاج الجيوب الأنفية بالإضافة إلى سرعة تأثير الدواء لدى المصابين بالجيوب الانفية، وتجنيبهم الصداع الشديد التي لها تأثيرات بالغة في جسم المريض وحيويته، فوقع الاختيار على ثلاثة زيوت عطرية (زيت القرنفل 74.67%, زيت البصل 85.33 % وزيت النعناع 68 %) لتأثيرها الفعَّال الذي يستخدم في علاج الجيوب الأنفية، وعلاج الصداع الناتج عنه علاجا فوريا، والجيوب الأنفية أجواف هوائية تقع في مقدمة قحف الدماغ، تحيط بالأنف والعينين، ولسبب ما قد تتعرض الأغشية المخاطية للأنف للالتهاب؛ فتصاب بالتورم، الأمر الذي يؤدي إلى حدوث انسداد في القنوات المصرفة للجيوب، فتبقى مفرزات هذه الأخيرة قابعة فيها، ما يجعلها بيئة مهيأة لنمو الميكروبات وتكاثرها، فتكون النتيجة الإصابة بالتهاب الجيوب. أيضا يمكن أن تُسدَّ قنوات الجيوب ذاتها بالمخاط نفسه الصادر عنها بسبب كثافته، أو لوجود عائق ما يضغط على قناة الجيب؛ فيحول دون تصريف محتويات. والالتهابات هي قابلية الكائن الحي للاستجابة والإصابة بالأحياء المجهرية الممرضة وعلى وجه الخصوص البكتريا المسببة لالتهابات الجيوب الانفية وهي كالاتي: Klepsiella pneumonia , Staph. aureus. Streptococci pneumonae, Moraxella catorrhil Pseudomonas aeruginosa ,

Haemophilus influenza. تركيبة كلامك (زيت القرنفل 74.67%, زيت البصل 85.33 %   وزيت النعناع 68 %)،   أما تركيبة كلامك فأعطت أعلى تثبيط للبكتريا 90.6 %.، وهذا يطابق تأثير تركيبة كلامك على البكتريا المرضية حيث يدل ذلك على أن تركيبة الزيوت الطيارة (كلامك) علاجٌ فعال للالتهاب البكتريا المسببة للجيوب الأنفية، وأعلى تأثير مضادة للالتهاب، ومسكن للألم مقارنة مع الاسبرين، ومضادة للأكسدة من خلال دراسة أنزيمات catalase, oxidaseوبالإضافة إلى سرعة الفعالية، وقلة التأثير الجانبي لتلك التركيبة مقارنة مع العلاج الدوائي والتأثير الجانبي له

الكلمات المفتاحية : الزيوت الطيارة ،   oxidase catalase ، علاج الصداع ، علاج الجيوب الأنفية

البعد السابع (كوزمولوجيا التكوين المعماري المنطلق إلى الأثر البعيد لما فوق البقاء ودون الاختفاء)

د طارق منصور الموسوي

مؤسسة معماري الجنوب

trqmansoor@yahoo.com

الملخص

البعد السابع كوزمولوجيا نتعرف فيها على الكون بكل ما يحتويه من مادة وطاقة ومكان وزمان وأثر، حيث يُعدُّ الكون وفق نظرية الأوتار بانه عزفٌ موسيقيٌّ ليس إلا إشارة إلى أوتار حلقية دقيقة مهتزة لا سمك لها، منها المفتوحة، ومنها المغلقة التي تكون المادة.

ولكون الإنسان جزءًا عظيمًا في هذا الكون بما لخصته فلسفته الفنية في العمارة والتكوين الكتلي، فبالإمكان أن نحدد كوزمولوجيا جزئية لذلك التكوين الكتلي المعماري الذي يحاول فيه الإنسان جاهدًا أن يبدع إلى الحدِّ الذي يتوقف عنده تماما، حيث لا يمكنه أن يصنع سقف من غير أعمده .

عند نقطة انطلاق الزمن لحدث المحفل العلمي الدولي تحدثنا عن البعد الرابع في الفن المعماري، وكيف يمكن أن يتوازى مع جمال الإنسانية التي هي البعد الرابع لبني البشر، ثم انطلقنا إلى البعد الخامس حيث لاوجود لمن ليس له أداء بعد إنجار الهيكل الرباعي الأبعاد، ثم تحرر الأداء في البعد السادس إلى فلسفة الارتقاء به إلى مستوى الإبداع، أو إلى ما فوق ذلك .

وتمتعت البحوث أعلاه بتراتب زمني انطلق من نقطة كانطلاق كتلة معمارية من نقطة في الإطار النظري إلى كتلة في فضاء .

إن النقطة هي أساس انطلاق كل شيء في الكون، فكوزمولوجيا دراسة الكون تبدأ من النقطة، وإن جزئياتها من الدراسات في كافة الجوانب تعود إلى ذلك.

فعندما يبدأ القلم، يبدأ من نقطة، فيرسم حدودًا، وأبعادًا ثنائية، ويرفعها إلى بعدها الثالث، ثم يضفي عليها سمات الجمال لبعدها الرابع لتعمل بالأداء الأمثل في بعدها الخامس، وترتقي إلى الابداع في بعدها السادس، ثم تبدأ كوزمولوجيا دراستها في انطلاق البعد السابع لها لتحديد ما إذا كانت تحت خط الاختفاء، أو فوقه أو ما فوق البقاء عبر الزمن، حيث يمكن أن ننطلق بالزمن في خطه الممتد إلى الامام لتحديد ما إذا كانت عبر المستقبل تتمتع بالبقاء لألف أو الفي عام أو خمسة آلاف عام أو اكثر من ذلك.

الاختفاء والبقاء

في البعد الرابع الفيزيائي (الزمن) فإنَّ رباعية الأبعاد للكتل المعمارية تأخذ عمرها المحدود، ثم يؤول الأمر بها إلى الاختفاء ، والاختفاء لا ينتمي إلا إلى بعض الزمن عكس من كان منها مطلا على الأنظار منذ آلاف السنين، فمضت تحت ناصية البقاء الى عهدنا ، والبقاء يصنع الأثر لكونه ينتمي إلى الزمن ، ويمتد معه في خط موازٍ، ولا ينتهي إلا بفعل مؤثر مدمر، وتتركز الرؤية في هذا البحث على تحديد نقطة البقاء على خط الزمن، أو عدمها نحو منح زمن محدد يوضح زمن الاختفاء .

إن دراسة الكوزمولوجيا الجزئية للتكوين المعماري ترتفع إلى مستوى البناء الحضاري للذات الإنسانية العليا كطموح تلك الذات في بناء جمالها الإنساني فوق حد الإبداع ودون الإعجاز. في الأحاسيس العاطفية الهائلة نحو خيار أعلى قدر من الحب والارتقاء إلى أعلى مستوى للجمال.

كما وإن رؤية الإنسان المعمارية ارتقت إلى ذلك في اختيار البقاء، وكما يتضح في أبنية وعمارات كثيرة، كالجنائن المعلقة في حضارة وادي الرافدين (ميزوبوتاميا)، والاهرامات في حضارة وادي النيل، ومعبد البارثينون، وقصر كنوسوس في الحضارة اليونانية ، وأطلال بوغون في فرنسا، ومعبد تاركسين في مالطا، ومعبد سانشي ستوبا في حضارة السند إلى الكثير من تلك في مختلف حضارات العالم.

في الوقت نفسه فإن الملايين من الكتل والهياكل والأبنية لم يمتد بها العمر إلا لزمن محدد تم تقديره وفق حيثيات حدود الأداء ونوع الإبداع.

ليتضح الهدف جليا فإنه يجب أن نحدد اختيار البقاء دون غيره؛ لأن دراسة الكون لم تتجلَّ إلا في رباعية الأبعاد، وأن ما فوقها فهو افتراضي في واقع النظريات الفيزيائية. وذلك يتعلق بالعلماء لحضارة ما، أما عامة الناس فيعيش ضمن حدود رباعية الأبعاد، وليس له شأن بالافتراض إن تحقق أو لا .

لذا فإن الأبعاد التي يمكن لها أن تمتد إلى أحد عشر بعد تقع ضمن الإطار الفلسفي الافتراضي لهندسة الكون في الوقت الذي يكون فيه الفضاء شعاعي الأبعاد لعدد ينتمي إلى ما لا نهاية من تلك الأبعاد .

والخلاصة فإن الأمر المتعلق بنا هو أننا فكرنا أن ننشئ قلعة علمية لم تزل أبعادها الرباعية افتراضية، حيث عملت ببعدها الخامس والسادس، وعلينا أن ننطلق في بعدها السابع إلى اختيار البقاء لإمكانية منحها بعدها الثامن، وعلى المدى الأبعد في البقاء.

كلمات مفتاحية : كوزمولوجيا – التكوين المعماري — العمارة – الاختفاء والبقاء

Theoretical Analysis for Eigenvalues of General Dynamical system

Dr. Ansam Ghazi Nsaif ALBU_Amer

Department of Mathematics,

Faculty of Computer Science and Mathematics,

University of Wassit,

ansaif@uowasit.edu.iq

Abstract

Different engineering systems such as aircraft wings, surface bridges controlled by aerodynamic forces, mechanical and civil structures interacting with liquids or soil, or systems with time delays have multiple mathematical models, particularly those that govern the dynamics of their complex engineering systems. In the paper, the researcher formulated the problem of the intrinsic value of the dynamic systems and performed a mathematical analysis of the intrinsic values and derived a second derivative relationship between the Eigenvectors, thus obtaining the sensitivities of the intrinsic values and vector values in relation to the system under study. This method was used to analyze the problem of intrinsic value, which arises in the analysis of the surface of the bridge under the dynamics of aerodynamics as one of the most important engineering applications.

Keywords: Dynamical systems, bridges, Eigenvalues estimation, Eigenvectors estimation, mathematical analysis

المؤتمرُ الدَّوليُّ الرابعُ للتنميةِ المُستدامة

7-6 ابريل 2019

ماليزيا

واقعُ استخدام الوسائل التعليمية وأهميتها من وجهة نظر تدريسيي كلية الزراعة والغابات / جامعة الموصل

لمى منذر ادريس – مدرس   نجم الدين عبدالله سليم – أستاذ

جامعة الموصل – كلية الزراعة والغابات قسم الإرشاد الزراعي ونقل التقنيات

lumamonther2@yahoo.com

الملخص

استهدف البحث التعرف على مستوى استخدام الوسائل التعليمية لتدريسيي كلية الزراعة والغابات / جامعة الموصل وتحديد الأهمية النسبية لكل وسيلة تعليمية، وتحديد استخدام كل وسيلة تعليمية من قبل أفراد العينة، وأهميتها من وجهة نظرهم ، وهل توجد فروق فردية بين واقع استخدام الوسائل التعليمية وبين المتغيرات المتمثلة ب(الجنس ، الشهادة العلمية ، سنوات الخدمة الجامعية ، المؤهل العلمي) ، والتعرف على أهم الصعوبات التي تواجه التدريسيين عند استخدامهم الوسائل التعليمية ، ولغرض الحصول على البيانات الخاصة بالجوانب الشخصية والوظيفية للمبحوثين اعتمدت استمارة استبيان مؤلفة من أربعة اجزاء، الأول يتعلق بالمعلومات الشخصية والوظيفية للمبحوثين، والثاني اشتمل (25) فقرة لقياس مستوى استخدام الوسائل التعليمية من وجهة نظر تدريسيي كلية الزراعة والغابات ، أما الجزء الثالث فاشتمل مجموعة من الوسائل التعليمية التي يستخدمها التدريسيين وأهمية تلك الوسائل من وجهة نظرهم متمثلة ب (15) وسيلة تعليمية ، أما الجزء الرابع فتضمن أهم الصعوبات التي تواجه التدريسيين عند استخدامهم الوسائل التعليمية والبالغة (10) فقرات . وبعد التأكد من الصدق الظاهري للاستمارة تم قياس الثبات بطريقة الفا- كرونباخ، وبلغ معامل الثبات (0.79). شمل البحث (299) تدريسي و تدريسية موزعين على أقسام الكلية كافة والبالغ عددهم (11) قسم علمي ، حيث أخذت عينة عشوائية بسيطة منهم بنسبة (50%) وبواقع (134) تدريسي و تدريسية . وقد أظهرت النتائج أن حوالي (26.686) من التدريسيين يستخدمون الوسائل التعليمية هو متوسط ، كما حصل الحاسوب التعليمي على المرتبة الأولى من حيث استخدام المبحوثين لتلك الوسيلة بمتوسط حسابي بلغ (3.253)

أما الرسومات البيانية والرسومات التوضيحية فقد حازت على المرتبة الأولى من حيث أهميتها من وجهة نظر أفراد العينة بمتوسط حسابي بلغ (3.201)، وكذلك وجود الكثير من الصعوبات التي تواجه التدريسيين عند استخدامهم الوسائل التعليمية ، وتشير النتائج إلى عدم وجود فروق فردية بين واقع استخدام الوسائل التعليمية وبين المتغيرات المتمثلة ب(الجنس، الشهادة العلمية ، سنوات الخدمة الجامعية ، واللقب العلمي) و عليه يوصي الباحثان بالاهتمام والسعي إلى جعل الوسائل التعليمية من الأسس التي تركز عليها المقررات الدراسية، وعقد دورات تدريبية للتدريسيين على استخدام الوسائل التعليمية والأجهزة والتقنيات الحديثة.

كلمات مفتاحية : الوسائل التعليمية — المقررات الدراسية — الحاسوب التعليمي —

التنوع الثقافي لتفعيل التنمية المستدامة

الدكتور تلي سيف الدين   د معطا الله محمد   واهيبة عبد الرحيم

المركز الجامعي تمنراست

telli.seif@yahoo.com

الملخص

تهدف هذه الورقة البحثية إلى توضيح مدى اعتبار الثقافة البيئية أساسًا للتنمية المستدامة في المجتمع المعاصر، فلم تعد التنمية الاقتصادية هي التنمية الوحيدة التي تشبع رغبات الإنسان، بل تعدُّ الثقافة بعدًا رابعًا يضاف للأبعاد البيئية والاجتماعية والاقتصادية التي يبنى عليها مفهوم التنمية المستدامة، على اعتبار أن حماية البيئة والعناية بها كبعد من أبعاد التنمية مهمة ترتبط وثيق الارتباط بوعي الإنسان وثقافته البيئية لتحقيق تنمية مستدامة لصالح الإنسان دون الضرر بالبيئة، واعتمدنا المنهج الوصفي، وكانت من أبرز النتائج المتوصل إليها أن الثقافة البيئية تسمح بنشر مبادئ التنمية المستدامة والمسؤولية البيئية والاجتماعية عن طريق الاحتكاك الكائن بين الثقافات المختلفة من زاوية تعدد وتنوع الثقافات، ولها إسهامات فكرية ورؤية جديدة حول كيفيات إنجاح وتحقيق التنمية المستدامة لصالح الإنسان، ونوصي بالأخذ بالبعد الثقافي في عمليات التنمية وخصوصا التنمية المستدامة دون التركيز على البعد الاقتصادي فقط.

الكلمات المفتاحية: الثقافة ،البيئة، التنوع الثقافي، التنمية، التنمية المستدامة،

Abstract

The aim of this paper is to clarify the extent to which environmental culture is considered the basis for sustainable development in contemporary society. Economic development is no longer the only development that satisfies human desires. Culture is a fourth dimension to the environmental, social and economic dimensions on which the concept of sustainable development is based. And caring for it as a dimension of development is a task closely linked to human awareness and environmental culture to achieve sustainable development for the benefit of the human without harm to the environment and adopted descriptive approach, One of the main findings was that environmental culture allows for the dissemination of the principles of sustainable development and environmental and social responsibility through the inter-cultural friction in terms of diversity and diversity of cultures. It has new intellectual contributions and vision on how to make sustainable development sustainable for the benefit of human beings. Especially development, without focusing on the economic dimension only.

Key words: culture, environment, cultural diversity, development, sustainable development

سلوك مُزراعي الخضر في مراحل تطبيق الأفكار الزراعية الجديدة في ناحية فايدة وعلاقته ببعض المتغيرات

وسام ياقو عزيز كوركيس   صلاح فهمي شابا عوديش   نورا سهيل اسماعيل فتح الله

جامعة الموصل – كلية الزراعة والغابات, قسم الارشاد الزراعي ونقل التقنيات

Wisam.yako@yahoo.com

الملخص

استهدف البحث التعرف على سلوك زراع الخضر في مراحل تطبيق الأفكار الزراعية الجديدة المتمثلة بمرحلة الاعداد، ومرحلة توليد الأفكار، ومرحلة جمع المعلومات، ومرحلة التحقق، شمل البحث جميع مزارعي قرى ناحية فايدة والبالغ عددهم (500) مزارع تابعين لخمس قرى. تم استخدام طريقة العينة العشوائية متعددة المراحل، حيث بلغ عدد المزارعين المبحوثين في عينة البحث 70 مزارعا، تم استخدام بعض الوسائل الإحصائية في تحليل وتبويب البيانات والمتمثلة بالمتوسط الحسابي، الانحراف المعياري، معامل الارتباط بيرسون، وقد كانت أبرز النتائج في هذا البحث: وجود علاقة ارتباط معنوية بين كل من متغير التحصيل الدراسي , واستخدام الإنترنت و جميع مراحل تطبيق الأفكار الزراعية الجديد، وقد أوصت الدراسة بضرورة إقامة دورات تدريبية لمزارعي الخضر في زراعة محاصيل الخضر من أجل إكسابهم معلومات ومهارات جديدة تساعدهم على رفع مستوى الإنتاج من محاصيل الخضر.

كلمات مفتاحية : سلوك – تطبيق الأفكار الزراعية – مزارعو الخضر

إنشاء وتصميم مكتبات الفضاء الثالث في المجتمعات العربية: مقاربة ثقافية لمفهوم " التنمية المستدامة "

د. دموش أوسامة **د. كادي زين الدين**
جامعة وهران 1 احمد بن بلة – الجزائر
demouche31@hotmail.fr

الملخص

يلقى مفهوم " التنمية المستدامة " رواجًا واسعا على الصعيد الدولي من طرف الباحثين والمفكرين الذين يسعون إلى شرح هذا المفهومة وتفسيره، وتحديد أبعاده ومجالاته التي يغطيها، وكذا التفكير في المناهج والآليات التي تسمح بتجسيده على أرض الواقع، كما يدرج المخططون للسياسات العامة وأصحاب القرارات داخل جميع الدول هذا المفهوم ضمن أهدافهم الأساسية للتخطيط للمجتمعات الحديثة.

يبقى مفهوم " التنمية المستدامة " مفهوما غامضا، يرتبط في الغالب في تمثلات المتداولين وتصوراتهم لهذا المفهوم بالقضايا الاقتصادية والبيئية والاجتماعية، وذلك نظرا للتوظيف والاستعمال المكثف له في العديد من الأعمال والأبحاث المقدمة في هذه المجالات، إلا أن دراسة المفهوم من منظور ثقافي يبقى طرحًا جديدًا يتطلب الوقوف عنده خاصة بعد إدراج اليونسكو للثقافة كركيزة رابعة للتنمية المستدامة، مما يشكل منعطفًا جديداً ايعطي الشرعية للباحثين في الثقافة والسياسات الثقافية لتطوير مثل هذه الدراسات من أجل ضبط المفهوم وتكييفه.

يعدُّ موضوع الثقافة وعلاقته بالتنمية المستدامة من الدراسات العميقة والمتشعبة التي يصعب التأصيل لها خاصة عند الحديث عن الثقافة والمؤسسات الثقافية في المجتمعات العربية، وعليه نحاول أن نقدم عبر هذه الورقة مقاربة ثقافية لمفهوم التنمية المستدامة بالتركيز على النموذج الجديد للمكتبات الجوارية في العالم الذي يحمل تسمية " مكتبات الفضاء الثالث "، تعكس هذه التسمية فلسفة جديدة تتضمن أبعادًا مادية قوية ومقاربة ثقافية واجتماعية جديدتين في عالم المكتبات، تجمع بين تطبيق واحترام المعايير الايكولوجية والرؤيا الخضراء في إنشاء مبانٍ وتصميمها بشكل حضري متميز تسهم في تحسين صورة المدن، كما يحمل هذا

النموذج الجديد من خلال مضمونه دلالات قوية تستوجب على القائمين عليها توظيف مقاربة وساطية لجعل هذه الفضاءات أكثر انفتاحا على المجتمعات، والتفكير في الثقافة بشكل جماعي عن طريق القضاء على جميع أشكال الحرمان والإقصاء والعزوف، مما يجعل هذا النموذج الجديد بمثابة قطيعة لتراث المكتبات العمومية المنجزة سابقا في الوطن العربي، كما يعطيها ذلك الفرصة للاقتراب من المؤشرات والقرائن التي تقيس مدى تجسيد هذه المجتمعات لمفهوم التنمية المستدامة على أرض الواقع.

الكلمات المفتاحية: المكتبات العمومية، الفضاء الثالث، الثقافة، التنمية المستدامة، المكتبات الخضراء، الايكولوجية، الوساطة الثقافية.

مخاطر التلوُّث الصناعي وسبل مواجهتها

أ.د. شريف غياط   أ. جمال مساعدية

جامعة 8 ماي 1945– قالمة، الجزائر

cghiat@yahoo.fr

الملخص

أمام ما شهده عالمُ اليوم وبخاصة في السنوات الأولى من القرن الحادي والعشرين من ثورة تقنية وصناعية مذهلة، صاحبها تشابكٌ وتعاونٌ كبير بين مختلف العلوم والمحصلة،كانت إحداث تلك الثورات في مجال الصناعة والتكنولوجيا. غير أن معظم هذه الصناعات وما تابعها من ابتكارات واختراعات، تولدت عنها انعكاساتٌ وآثار جانبية ضارة وخطيرة في البيئة وزيادة التلوث بالمعمورة بفعل مخلفات الصناعة الكثيرة والمختلفة.

وقد اتضح من ذلك وبما لا يقبل الشك، بأن الضرر البيئي بات لا يقتصر على التغير المناخي فقط. ولكن أيضا النشاط الاقتصادي خصوصا الصناعة والطاقة، فهما نشاطان شديدا التلويث للبيئة بسبب انخفاض كفاءة إنتاج الطاقة، زيادة على التساهل في تطبيق المعايير البيئية بحجة تشجيع الصناعة، وحيث إن أخطر أنواع التلوث البيئي ناتجٌ عن المخلفات الصناعية والكيمائية الخطرة الصادرة من المنشآت الصناعية ومحطات تحلية المياه وتوليد الطاقة ، ....الخ. إذ أن آثارها تمتد لتلوث التربة، المياه الجوفية، الشواطئ البحرية والهواء.

لذلك أصبحت كثيرٌ من الدول خصوصا النامية، وبهدف الخروج من أزمة الطاقة والصناعة تقوم بتغيير السياسات الاقتصادية الحالية، واختيار استراتيجيات للاقتصاد الأخضر، أي أنها تتجه للتنمية الخضراء، التي تدمج البعد البيئي في آليات صنع القرارات السياسية والاقتصادية، خاصة وأن الدراسات والتجارب أثبتت أنه الاختيار الذي يحقق مكاسب أعلى في الناحية الاقتصادية فضلا عن المكاسب البيئية والاجتماعية.

الكلمات المفتاحية: التلوث، التلوث البيئي، الاقتصاد الأخضر، الطاقة، الطاقات المتجددة.

Abstract

considering what has been witnessed in today's world, especially in the early years of the twenty-first century of the revolution of technology and industrial amazing, accompanied by great interrelationship and cooperation between different sciences and the result was the revolution in the field of industry and technology. However, most of these industries and their innovations and inventions have resulted in adverse and dangerous side effects and side effects to the environment and increased pollution caused by the many different industrial wastes.

It has become clear beyond doubt that environmental damage is not limited to climate change alone. But also, economic activity, especially industry and energy. These activities are highly polluting the environment because of the low efficiency of energy production, in addition to the relaxation in the application of environmental standards under the pretext of encouraging industry, and the most dangerous types of environmental pollution due to hazardous industrial and chemical waste from industrial plants, desalination plants, Energy, etc. Its effects extend to soil, groundwater, marine and air pollution.

Therefore, many countries, especially developing ones, have become, in order to get out of the energy and industry crisis, to change the current economic policies and choose strategies for the green economy, that is to say green development, which integrates the environmental dimension into the political and economic decision-making mechanisms. Achieves higher economic gains as well as environmental and social gains.

Keywords: pollution, environmental pollution, green economy, energy, renewable energies

التنمية البشرية كآلية مستحدثة للقضاء على الفقر

د. إلهام شهرزاد روابح

جامعة البليدة2- الجزائر

ilhem.rouabah@yahoo.fr

الملخص

يُعدُّ القضاء على الفقر من التحديات الكبرى التي يواجهها العالم بأكمله، وهو ما جعله الهدف الأول في قائمة أهداف الأمم المتحدة السبعة عشر ضمن خطتها التنموية للألفية في مرحلتها الثانية الممتدة من سنة 2016 إلى غاية 2030، وذلك للانعكاسات الخطيرة التي تترتب عليه سواء على الإنسان، أو على مجتمعه، أو حتى على بيئته ومحيطه.

الأمر الذي استدعى إيجاد آليات فاعِلة من شأنها أن تحقق التوازن الاقتصادي بين الأفراد، ما يتحتم معه إحداث توازن كلي يستغرق جميع مجالات الحياة، وبالتالي القضاء تلقائيا على الفقر.

فلما كانت الحلول الاقتصادية حلولا مؤقتة لا تتماشى مع المفهوم الدقيق للتنمية المستدامة -والمتمثل في كونها التنمية المستمرة في الزمن، أي أنها التنمية التي لا تستجيب لحاجيات الأجيال الراهنة فقط، بل تلك التي تمتد لتشمل حاجيات الأجيال اللاحقة- كان من الضروري البحث عن حلول أخرى مستدامة، وذلك بالتركيز على المحور الأساسي والرئيسي للتنمية؛ والمتمثل في الإنسان، حيث هو هدفها وفي الوقت ذاته سببها، من خلال عملية تطويره ذاتيا، أو ما يعبّر عنه ب" التنمية البشرية" من أجل تحسين نوعية حياته بمختلف أبعادها، خصوصا الاقتصادية، التي تسهم بشكل مباشر في عملية القضاء على الفقر.

على ذلك فإن العلاقة بين التنمية البشرية والتنمية المستدامة علاقة متلازمة، يتم توضيحها من خلال الإجابة عن إشكالية أساسية تتمحور حول الدور الذي تلعبه التنمية البشرية في إطار تحقيق أهداف التنمية المستدامة للألفية بشكل عام، والقضاء على الفقر بوجه خاص؟

يتم الاعتماد في حل هذه الاشكالية على المنهج التحليلي، وذلك عن طريق تقسيم الدراسة إلى مبحثين:

المبحث الأول: يتضمن علاقة التنمية البشرية بالتنمية المستدامة

المبحث الثاني: يتضمن دور التنمية البشرية في القضاء على الفقر الذي يُعدُّ أول أهداف التنمية المستدامة.

تستهدف هذه **الدراسة النظرية** الربط بين مفاهيم متعددة منها: التنمية بشكل مطلق، التنمية الاقتصادية، التنمية المستدامة والتنمية البشرية، مع تحديد المجال الدقيق لكل نوع، هذا من جهة، ومن جهة أخرى تعزيز الدور الفعال للإنسان بوصفه أهم عنصر في العملية التنموية ومحركها، فهو المتسبب في الفقر وهو من سيقضي عليه.

كلمات مفتاحية : التنمية البشرية — التنمية المستدامة – الفقر

الحكم الرشيد وأثره في التنمية المستدامة

عاصم علي حسن الشرفي – د. إبراهيم فهد سليمان

جامعة العلوم الإسلامية الماليزية

asem.alsharafie@gmail.com

الملخص

تمثل التنمية المستدامة الشاملة مطمع أغلب الدول والمجتمعات وغايتها في العصر الحالي، و تسعى الحكومات المتقدمة إلى تحقيقها عن طريق حسن استغلال جميع الموارد المتاحة و بأقل التكاليف الممكنة، لكن عادة ما تفشل، أو تتعثر بعض الدول النامية من تحقيقها ومواكبة درب الدول المتقدمة نتيجة لعدم توفر نظام حكم رشيد يقوم على الشفافية والمساءلة والمشاركة السياسية التي تعد اللبنة الأساس لتحقيق التنمية المستدامة.ومشكلة هذه الدراسة تتمثل في : **ما مدى تحقيق التنمية المستدامة عبر تبني نظام الحكم الرشيد ؟** وقد اعتمد الباحث في هذه الدراسة على المنهج الوصفي التحليلي. وجاءت هذه الدراسة لتحليل واقع التنمية المستدامة والسبل الكفيلة لتفعيل نظام الحكم الرشيد بوصفها أداة أساسية لإدارة السياسات الاقتصادية، وأهميته في تحقيق التنمية المستدامة .

وتضمنت هذه الدراسة الأهداف التالية:

- التعرف على الحكم الرشيد وخصائصه.
- التعرف على التنمية المستدامة و أبعادها وخصائصها.
- معرفة مدى إسهام الحكم الرشيد في عملية التنمية المستدامة.

وهذه الدراسة هي دراسة نظرية اعتمد الباحث فيها على المصادر الإلكترونية والمكتبية في عملية التحليل.

وكانت أهم نتائج هذه الدراسة هي:

1. لا يمكن تحقيق تنمية مستدامة في ظل غياب الحكم الرشيد؛ لأن الحكم الرشيد يعد الأساس و الركيزة التي تقوم عليها التنمية المستدامة.
2. إقامة الحكم الرشيد يتم عن طريق إقامة دولة القانون المرتكزة على الشرعية السياسية.
3. من أجل تحقيق التنمية المستدامة يجب جذب الاستثمارات الأجنبية، والعمل على تطوير المنظومة التعليمية.

كلمات مفتاحية : الحكم الرشيد – التنمية المستدامة – الشرعية السياسية

The effect of passive cooling strategies on indoor thermal comfort in the

hot-humid climate

UKM University

Maryam Qays Oleiwi

mar_mka@yahoo.com

Abstract

In a hot and humid country like Malaysia, buildings' occupants are encountering from thermal discomfort when there is not adequate and effective strategy adopted to lower down the extra heat that buildings normally receive from outdoor climate. Using air conditioning to flush out the extra heat will improve thermal comfort, but it can consume a lot of energy and money, thus there is a real necessity to use passive cooling strategies which proved to be extremely effective and can greatly contribute in reducing the cooling load of buildings. It has also proved that passive cooling strategies can provide excellent thermal comfort and indoor air quality, together with very low energy consumption. Efficient passive systems and techniques have been designed and tested widely.

The aim of this study is to review the previous literature that discussed the passive cooling strategies that have been used in Malaysia and other hot-humid countries. It was found that different effective passive cooling techniques have been highlighted in the previous studies for enhancing the thermal comfort inside buildings such as using shading devices, green facade, natural ventilation, solar chimney and choosing the proper material for building envelope. It was additionally demonstrated that the application of passive cooling techniques in buildings can decrease their cooling load up to 70%.

Using passive cooling strategies can enhance the environmental aspect of sustainability and provide greener buildings as well.

Keywords : passive cooling, hot-humid countries, natural ventilation

تأثيرُ استراتيجياتِ التبريدِ السلبيّ في الراحة الحرارية الداخلية في المناخِ الحارِّ الرطب

م. مريم قيس عليوي

الجامعة الوطنية الماليزية

الملخص

في بلدٍ حارٍّ ورطبٍ مثل ماليزيا ، يعاني سكانُ المباني عادة من الانزعاج الحراري عندما لا تكون هناك استراتيجية كافية وفاعلة، يتمُّ تبنيها لتقليل الحرارة الزائدة التي تتلقاها المباني من المناخ الخارجي. يؤدي استخدامُ مكيفاتِ الهواءِ إلى طرد الحرارة الزائدة و تحسين الراحة الحرارية ، ولكنها تستهلك الكثير من الطاقة والمال ، وبالتالي هناك حاجة حقيقية إلى استخدام استراتيجيات التبريد السلبي التي أثبتت فعاليتها؛ حيث يمكن أن تسهم بشكلٍ كبيرٍ في الحدّ من حمل التبريد في المباني. كما ثبت أيضًا أن استراتيجيات التبريد السلبي يمكن أن توفرَ راحةً حراريةً ممتازةً، وجودةَ هواء داخلية ، إلى جانب استهلاك منخفض للطاقة. و لهذا فقد تم تصميم الأنظمة والتقنيات السلبية الفعالة واختبارها على نطاق واسع. تهدف هذه الدراسة إلى مراجعة الدراسات السابقة التي ناقشت استخدام تقنيات التبريد السلبي و استراتيجياته التي تمَّ استخدامُها في ماليزيا وغيرها من البلدان ذاتِ المناخ الحار الرطب. وجدت هذه الدراسة أنه تمَّ تسليطُ الضوء على مختلف تقنيات التبريد السلبي الفعال في الدراسات السابقة لتعزيز الراحة الحرارية داخل المباني، مثل استخدام أجزاء التظليل ، والواجهات الخضراء ، والتهوية الطبيعية ، والمداخن الشمسية واختيار مواد البناء المناسبة. وقد ثبت أيضًا أن تطبيق تقنيات التبريد السلبي في المباني يمكن أن يقللَ من حمل التبريد إلى 70٪. و أخيرا، يمكن أن يؤدي استخدام استراتيجيات التبريد السلبي إلى تعزيز الجانب البيئي للاستدامة وتوفير المباني الخضراء أيضًا.

الكلمات المفتاحية : التهوية الطبيعية، البلدان ذات المناخ الرطب، التبريد السلبي

الفهرس

الكلمات الافتتاحية.. 3

لِجانُ المَحْفَلِ العِلميّ الدّوليّ.. 20

رُعاةُ المَحْفَلِ العِلميّ الدّوليّ.. 24

المؤتمرُ الدَّوليُّ الثالثُ للمخطوطاتِ والوثائقِ التاريخية 25

جهود كلية الدعوة وأصول الدين بجامعة أم القرى في تحقيق المخطوطات.. 26

مخطوطات مكتبة الحرم النبوي 28

استخدام تقنيات الواقع الافتراضي في حفظ التراث المعماري: دراسة تطبيقية للعمارة المحلية بحوية حجازية بمنطقة مكة المكرمة.......... 29

أهمية المخطوطات والألبومات المصورة في المدرسة المغولية الهندية في تسليط الضوء على رسوم رموز السلطة الإمبراطورية.......... 30

The importance of manuscripts and albums paintings in the Indian Mogul School in highlighting the symbols of imperial power 31

دراسة وتحقيق العمائر الإسلامية ومسميات الشوارع والدروب والوظائف والألقاب الواردة بالوثائق بمصر العثمانية المحفوظة بالمحكمة الشرعية بدار الوثائق القومية بالقاهرة 32

الافتراءات على السيرة النبوية حديثا ووثيقةً (تميم الداري أنموذجا).. 36

طرق معرفة أسماء التفاسير المخطوطة المجهولة ومعرفة مؤلفيها 38

تفسير ابن حبيب النيسابوري (ت 406هـ) أنموذجًا 38

رصد وفهرسة مخطوطات خزانتي مسجد سيدي موسى الخذري والمركز الثقافي الإسلامي بسكرة. 39

القول العلي في قراءة الإمام الكسائي عليّ دراسة وتحقيقًا 42

دور علم الفهرسة في وصف المخطوطات بمؤسسات المعلومات: الواقع ورؤى المستقبل........................ 43

المنهج العلمي لتحقيق المخطوطات 45

ملخص قراءة في كتاب نزهة الأذهان في تراجم علماء داغستان للعلامة نذير الدركيلي التهوني الداغستاني........................ 46

"التراث المخطوط ودوره في إثراء الدراسات الفقهية" 47

المنهج الوثيق في أصول التحقيق 49

دور جامعة إفريقيا العالمية في جمع المخطوط الإسلامي في إفريقيا: دراسة تجربة معهد يوسف الخلية 50

مناهج المحدثين ودورها في النهوض بالمخطوطات وتحقيقها ... 51

IBN ABI AL-DUNYA'S personality and creative traits 52

مِنَصَّة التأصيل العلمي الإلكتروني للمخطوطات عن بُعد 53

دور المؤسسات الأكاديمية في خدمة تحقيق المخطوطات (جامعة أم القرى أنموذجا) 54

أهمية صناعة الورق الجيد في خدمة المخطوط 55

قراءةٌ في منهج الأستاذ مختار بوعناني في جمع وتحقيق التراث اللغوي 57

منهج المخطوط الألفيّ في التوثيق 58

أهمية المخطوطات العلمية وأبرز صعوبات تحقيقها 60

المنهج الأمثل لتحقيق المخطوط 62

النُّسخ المبكِّرة لمؤلفات الحافظ ابن أبي الدنيا (ت 281هـ) 63

المصاحفُ المبكِّرة المكتوبة بالخط الحجازي المائل 64

دور معالي السيد جمعة الماجد في جمع و حفظ المخطوطات ومركز جمعة الماجد وكلية الدراسات الاسلامية بدبي أنموذجًا 65

فنون التواصل الأسريّ في السيرة النبوية العطرة كتاب العيال لابن أبي الدنيا أنموذجا 67

التراثُ المخطوط و دوره في إثراء دراسات العلوم الإنسانية 68

المؤتمرُ الدّوليُّ الرابعُ للاتجاهاتِ المتقدمة في الدراسات الاسلامية 69

أصول الفقه وسؤال التجديد، قراءة في الاتجاهات النقدية المعاصرة 70

دور الأحزاب ومنظمات المجتمع المدني في الحياة السياسية الليبية: دراسة بين التيارات الإسلامية والمدنية 72

حصانة المبعوث الدبلوماسيّ: دراسة في الأسس الشرعية والمفاهيم والمهام 74

حجية الإثبات بالقرارات المخبرية النسوية في القتل العمد 75

الهمـز في القراءات القرآنية واللهجات العربية 77

أثرُ أسباب النزول في تفسير القرآن الكريم 78

حكم تحديد الجنس في عملية أطفال الأنابيب 82

منهج الشيخ عبد الرحمن بن ناصر السعدي في تفسيره....................................... 83

عقوبةُ الحِرمان من الحقوق السياسية في الشريعة والقانون 85

منهج الإمام ابن كثير في تفسيره 88

منهـــــج المحدث الفقيه مـــالك في موطنـه 89

فقه القيادة في الإدارة ... 90

حكم القاضي بعلمه الشخصي في الشريعة الإسلامية ... 93

دور علم مقاصد الشريعة الإسلامية في تنمية ملكة استخلاص الأحكام عند المجتهد ... 95

الأضرار والمفاسد المترتبة على وطء الحائض والنفساء والوطء في الدبر (اللواط) دراسة شرعية طبية تؤكد الإعجاز العلمي للقرآن الكريم ... 96

أثر القرآن الكريم في وضع منهج نقد الروايات عند المحدّثين 98

الشُبهة في منظور الفقهاء وأثرها في العمل بمبدأ الاحتياط: دراسة وصفية تحليلية ... 100

المؤسسات الإصلاحية وبرامج دار الإصلاح في سلطنة عمان: دراسة وصفية تحليلية ... 102

مكونات برنامج تعديل سلوك الأحداث الجانحين في دور الإصلاح بسلطنة عُمان ... 104

وظيفة المرفق العام بأنواعه وأساليب إدارته: دراسة وصفية تحليلية ... 106

منهج الإمام ابن عطية في تفسيره: (المحرر الوجيز في تفسير الكتاب العزيز). ... 107

منهج الإمام الطبري –رحمه الله– في تفسيره (جامع البيان في تفسير آي القرآن). ... 109

مكانة صحيح البخاري بين كتب السنة ... 110

أسس التنغيم ومبادئه في القرآن الكريم نماذج مختارة ... 111

الشكر في القرآن ... 112

المؤتمرُ الدُّوليُّ الرابعُ للاتجاهات الحديثة في العُلوم الإنسانية والاجتماعية واللغوية والأدبية ... 114

الواقعُ اللغويُ للإعلانِ التجاريّ في مدينةِ مكة المكرمة ... 115

(المُعَلَّقات الإعلانية) أنموذجًا 115

الممارسة النفسية عن بُعد، شكل معاصر من العلاقة النفسية ... 118

التناسب المعنويّ في سياق فرائد ألفاظ القران الكريم سورة يوسف (أنموذجا) دراسة تحليلية 121

الاكتساب اللغويّ من منظور اللسانيات البيولوجية 123

هندسة وإعادة هندسة العقل الفردي والجمعي للأستاذ والطالب الجامعي 125

دورُ التعليم في تحقيق التنمية البشرية المستدامة للمخرجات المستقبلية دراسة وصفية تحليلية 127

الاتجاهات والأساليب الحديثة في الصحافة العالمية 128

الشخصيات في رواية السفينة لجبرا إبراهيم جبرا 130

أسئلة علم المصطلح في مقدمة ابن خلـــدون مقـاربة مصطلحية دلالــية 131

القيادة الذكية إحدى متطلبات الثورة الصناعية الرابعة... 132

The impact of knowledge management on SME'S performance while moderating Critical thinking 133

تكامل التأصيل والتجديد في عمارة المساجد لتحقيق استدامة بيئة المساجد في المدن العربية 134

البيتكوين 135

أثر الأجهزة الذكية في حفظ الأسرار العائلية.. 137

مدى فاعلية برنامج إرشادي جمعي مُقترح لرفع مستوى مهارات التوافق لدى عينة من المعلمين المتزوجين 138

The Semantic and Communicative equivalence in the Arabic Translation of English Complex clause throughout the nominal Subordinate Clause functions 140

علم الإدارة بين هنري فايول و فريدريك تايلور: نبذة تأصيلية... 142

فرق العمل ودورها في إدارة الأزمات: دراسة تطبيقية في مكتب وزير الدولة ومحافظ ظفار 144

ممارسات إدارة الموارد البشرية في تطوير أداء العاملين عبر الالتزام التنظيمي :دراسة ميدانية ببلدية ظفار في سلطنة عُمان ... 146

السَّرد العربي ودوره في تطوير الخطاب الأدبي 148

الاتجاهات الحديثة في ربط العلوم التطبيقية بالعلوم الإنسانية و الاجتماعية 150

أثر السياسة المالية في قطاع الاتصالات اللاسلكية من سنة (2011–2015) في المملكة الاردنية الهاشمية......... 151

استخدام التكنولوجيا الحديثة وأثرها في ذوي الاحتياجات الخاصة في التعليم 153

التخطيط الاستراتيجي وأثره في الأداء المؤسسي: دراسة في مكتب وزير الدولة ومحافظ ظفار 155

الحركات في الساحة العمانية: دراسة في تاريخ عُمان الحديث 156

السلطان قابوس بن سعيد مؤسس الوحدة الوطنية والتعايش السلمي 157

مصطلح الجملة الابتدائية والجملة المستأنفة بين النشأة والتجديد: دراسة تأصيلية تحليلية 158

المخدراتُ الرقمية (مخدرات في ثوب جديد) 159

The Role of Organizational Culture on Innovation Capability: An Empirical Study 160

Innovation or imitation? The role of organizational culture 161

صنعُ القرارات ودعمُها واتخاذُ القرار الأمثل في مُواجهة الأزمة 162

العوامل المؤثرة في نجاح أنظمة المعلومات في الموارد البشرية في قطاع السيارات.دراسة تطبيقية على شركة عبد اللطيف جميل للسيارات في السعودية 163

العلاقات التركية مع دول جنوب القفقاس 167

المؤتمرُ الدُوليُّ الرابعُ للاتجاهاتِ الحديثةِ في العلوم التطبيقية 169

مستخلص الزيوت الطيارة المُركب(CLAMC) وتاثيره العلاجي الفعال السريع لعلاج التهاب الجيوب الانفية المزمن والصداع ونزلات البرد 170

البعد السابع (كوزمولوجيا التكوين المعماري المنطلق إلى الأثر البعيد لما فوق البقاء ودون الاختفاء) 172

Theoretical Analysis for Eigenvalues of General Dynamical system 174

واقعُ استخدام الوسائل التعليمية وأهميتها من وجهة نظر تدريسي كلية الزراعة والغابات / جامعة الموصل 176

التنوع الثقافي لتفعيل التنمية المستدامة 178

سلوك مُزراعي الخضر في مراحل تطبيق الأفكار الزراعية الجديدة في ناحية فايدة وعلاقته ببعض المتغيرات 180

إنشاء وتصميم مكتبات الفضاء الثالث في المجتمعات العربية: مقاربة ثقافية لمفهوم " التنمية المستدامة " 181

مخاطر التلوُّث الصناعي وسبل مواجهتها 183

التنمية البشرية كآلية مستحدثة للقضاء على الفقر 185

الحكم الرشيد وأثره في التنمية المستدامة 187

The effect of passive cooling strategies on indoor thermal comfort in the hot-humid climate 188

تأثيرُ استراتيجياتِ التبريد السلبيّ في الراحة الحرارية الداخلية في المناخ الحارّ الرطب 190

195